Спокій серед бурі

15 The Chambers, Vineyard
Abingdon OX14 3FE
brf.org.uk

Bible Reading Fellowship (BRF) – це благодійна організація (233280)
і компанія з обмеженою відповідальністю (301324),
зареєстрована в Англії та Уельсі.

ISBN 978 1 80039 232 8
Вперше опубліковано в 2022
10 9 8 7 6 5 4 3 2 1 0

Подяка
Якщо не вказано інше, цитати з Писання взяті з Біблії в перекладі Івана Огієнка.

У Британській бібліотеці є запис у каталозі на англійське видання цієї книги. Англійска версія надрукована та зброшурована CPI Group (UK) Ltd, Croydon CR0 4YY

Спокій серед бурі

ДОПОМОГА ДІТЯМ НАБЛИЗИТИСЯ
ДО БОГА ЧЕРЕЗ ВИВЧЕННЯ
БІБЛІЙНИХ ІСТОРІЙ ПРО ТРИВОГИ, ВТРАТИ
І ТРУДНОЩІ В ПЕРІОД ЖИТТЄВИХ ЗМІН

РЕЙЧЕЛ ТЕРНЕР

Для моїх хрещеників –
Елі, Зік, Таббі, Емілі та Кейтлін.

Нехай Бог утішить вас і наповнить радістю в
складні моменти життя.

Подяка

Калебу Тернеру: разом ми пережили стільки важких моментів у житті, і для мене було найбільшим щастям пізнавати Бога разом із тобою. Дякую за твої молитви за мене, за мудрість і поради, і за те, що дозволяєш мені з тобою гратися.

Моєму чоловікові Марку Тернеру: без тебе не було б жодної книжки. Спасибі, що даєш мені виговоритися, вислуховуєш мої нескінченні роздуми, і не даєш мені загубитися.

Моїй матусі Сьюзан Гарт: спасибі, що ні на хвилину не переставала бути моєю мамою. Ти мені потрібна з різних причин, але ти завжди мені потрібна. Дякую за те, що ти виростила мене і дала мені освіту.

Моєму батькові Террі Гарту: спасибі за твої незмінні молитви за мене і настанови, які допомагають мені в житті.

Беккі Седжвік і Анні Хокен: завдяки вам я щодня розумію, що означає бути частиною команди, в якій люблять одне одного і радіють як слабким, так і сильним сторонам. Ви – сестри за моїм серцем. Без вас не було б того, що я роблю.

Команді BRF: дякую за вірність і нескінченну милість.

Усім моїм друзям, які моляться пізно ввечері у відповідь на прохання про молитву у WhatsApp, а ще читають чернетки і кажуть усю правду з любов'ю. Елл і Джо Айретон, Джеймс і С'юзі Єтс, Еллі Берд, Сара Хогбен, Рі О'Рурк та Елейн Вебстер: спасибі за ваше терпіння і милосердя.

Зміст

ВСТУП

Життя – складна штука. Вона постійно змінюється: змінюються друзі, змінюється місце проживання, хтось іде з сім'ї назавжди, – світ не стоїть на місці, і від цього зростає почуття тривоги і занепокоєння. Рано чи пізно наші діти стикаються з цими труднощами і не знають, що їм робити.

Невідомість завжди лякає. Не завжди діти знають як пережити зміни, нищівне горе або впоратися з тривожністю. У деяких дітей виникає відчуття сильної тривоги. Вони не знають, як говорити про свої переживання і що з ними робити.

Ми, дорослі, всім серцем хочемо полегшити їм життя, згладити шлях і усунути те, що завдає їм стільки переживань. Але здебільшого це неможливо. Приходить завтра, потім післязавтра, але обставини не змінюються.

Радість християнської віри в тому, що наші діти можуть навчитися проходити ці складні періоди життя разом із Богом. Усе обіцяне Ним – призначене для наших дітей тут і зараз. Вони гостро потребують Його ведення, втіхи, миру і мужності. У складні періоди життя ми можемо допомогти своїм дітям звернутися до Бога, Який огортає їх Своєю любов'ю і завжди перебуває поруч, через що б вони не проходили.

Бог ніколи не говорив, що, коли ми станемо християнами, у нас настане спокійне, безтурботне і безболісне життя. Його задум набагато кращий. Він хоче, щоб ми мали життя – життя з подостатком (Єв. від Івана 10:10), дедалі більше ставали на Нього схожими (2 Кор. 3:18), і щодня відчували глибину Його любові та необхідність у Його присутності в нашому житті (Ефес. 3:18).

Питання не в тому, чи прийдуть життєві бурі, а в тому, коли це станеться. Учні двічі бачили Ісуса під час шторму і сильного вітру. Одного разу Ісус заспокоїв бурю, іншим разом Він ішов по воді і запропонував Петру вийти з човна на поверхню озера, хоча навколо здіймалися хвилі і дув сильний вітер. Обидва рази Він показав учням, хто Він такий і що може зробити під час шторму.

Наші діти можуть опинитися в ситуації, коли вони не знатимуть, що їм робити. В наших силах зробити для них найцінніший подарунок – показати, хто такий є Бог і на що Він здатен посеред усієї життєвої невизначеності. Ми можемо наділити їх здатністю долати бурі разом із вірним Богом, Який є однаково могутнім як у турболентних обставинах, так і в обставинах спокою. Ми можемо допомогти їм триматися за Бога, Який все перетворює для нас на благо і не перестає вести і давати нам Свій мир. Ми можемо спрямувати їх до Бога, Який чує і відповідає, підтримує і рятує, дає спокій і мету в ситуації, коли вони відчувають себе безпорадними.

Кожна людина зустрічається зі складними обставинами, коли вона не знає, що їй робити. В рамках цієї книжки неможливо розглянути всі конкретні ситуації, в яких можна опинитися, але я дуже сподіваюся, що тут ви і ваші діти знайдете все необхідне для того, щоб відшукати Бога на своєму життєвому шляху і навчитися йти поруч із Ним. Нехай на цьому шляху ваш зір буде спрямований на Того, Хто йде поруч з вами, а не на вітер чи хвилі життєвого шторму.

Отже, ця книжка допоможе вашій родині дізнатися, Хто такий Бог і що Він робить, коли у вашому житті відбуваються зміни, вриваються втрати та тривоги. Вона допоможе підготувати ваших дітей до створення довгострокових стратегій і основ, що дадуть їм змогу впоратися зі змінами та невизначеністю протягом усього життя.

Як зробити цю книгу корисною для вашої родини

У книжці 15 розповідей. Після кожної розповіді даються питання для обговорення та можливі варіанти звернення до Бога. Усі вони допоможуть розібратися в тому де є Бог у часи тривоги, втрати чи змін, та як Він Себе виявляє? Кожна історія містить важливу істину про те, що Бог робить коли ми перебуваємо в непростих обставинах. Підкаже як вам молитися, чи як подивитися на речі під іншим кутом зору, чи як розпочати розмову про свої почуття та віру.

Кожен розділ починається з короткого опису головної істини та ідеї розповіді, щоб батькам було зрозуміло, про що піде мова. Далі йде розповідь, після неї – питання для обговорення та поради для спілкування з Богом про те, що відбувається в нашому житті та в наших серцях.

Читання розповідей закладає основу для обговорення. Вони допомагають продовжити спілкування, поставити запитання, поділитися думкою один з одним і довірити Богові свої переживання. Адже саме через це спілкування одне з одним і з Богом ми отримуємо все найнеобхідніше для себе.

Ми хочемо вкласти в серця наших дітей важливі істини, і це можна зробити різними способами. Хтось вважає за краще дотримуватися запропонованих у книжці ідей для обговорення і молитви, а комусь подобається після спілкування і молитви зробити щось конкретне, щоб основні істини закріпилися в пам'яті. Наприклад, можна намалювати малюнок, або написати на папері та повісити на стіну, або просто записати основне у спеціальний щоденник. Вибирайте те, що найкраще підходить для вашої родини.

Кожна з цих розповідей допомагає побачити Бога в складній ситуації. Я рекомендую прочитати їх усі, щоб закласти міцний і надійний фундамент істини в житті ваших дітей на всі випадки життя.

Примітка для вас

1 Це нормально – відчувати те, що ви відчуваєте. Коли діти відчувають тривогу, переймаються змінами, горем або невпевненістю, то часто вся сім'я переживає те ж саме. Можливо ви самі переживаєте глибокий біль або тривогу? Цілком природно переживати це самим однак продовжувати допомагати своїй дитині. Ця книга допоможе вам пройти через бурю разом із Богом. Один із найкращих подарунків, який ми можемо зробити нашим дітям, – це показати приклад того, як недосконала людина проходить через труднощі поруч із Богом. Звичайно, ми не хочемо виплескувати всі свої емоції на дітей, але іноді для них може бути корисно дізнатися, як Бог допомагає вам впоратися зі своїми емоціями. Наприкінці кожного розділу є запитання для обговорення. Дуже важливо, щоб ви теж відповідали на ці запитання. Будьте чесними та відкритими, покажіть своїм дітям свій шлях віри, діліться ситуаціями зі свого життя і своїми міркуваннями. Це не обов'язково мають бути «правильні» відповіді. Будьте розкутими і просто розмірковуйте над ідеями та ситуаціями разом зі своїми дітьми. Дітям буде корисно дізнатися, що подолання труднощів із Богом – це процес, і часто

навіть дорослі все ще вчаться цьому. Якщо вам або вашим дітям складно ділитися власними історіями, ми додали посилання на відео, в яких звичайні люди розказують свої історії подолання труднощів із Богом. Дивіться їх на сайті **parentingforfaith.org/comfort-stories.**

2 Обговорення і молитва грають найважливішу роль у цій подорожі. Звичайно, іноді, хочеться просто прочитати історію і на цьому зупинитися, але саме через спілкування один з одним і з Богом ми отримуємо все найнеобхідніше для себе. Читайте книгу, коли вам зручно, тут немає «правильного» часу або ідеального методу. Хтось робить це вранці, хтось під час обіду, перед сном або у вихідні. Можна прочитати історію перед сном, а обговорити наступного дня або, наприклад, зробити й те й інше в суботу на пікніку. У будь-якому разі, ви самі вирішуєте, як для вас краще, бо це ваша сім'я, і хто як не ви знає і розуміє своїх дітей. Тому, робіть на свій розсуд і, у разі потреби, будьте готові підкоригувати процес!

3 Допомогти дітям по-своєму спілкуватися з Богом через молитву – важливий елемент підтримки на їхньому шляху до віри. У нашій організації «Виховання в вірі» ми називаємо це «кажи й лови», тобто допомагаємо дитині щиро спілкуватися з Богом і не пропустити Його відповідь. Детальнішу інформацію про ці та інші ідеї можна знайти на сайті **parentingforfaith.org/chat-and-catch** або отримати в межах безкоштовного онлайн-курсу «Виховання в вірі» на сайті **parentingforfaith.org/course**.

4 Під час молитви або обговорення я часто вживаю слова «ситуація» чи «обставини». У процесі спілкування і молитви змінюйте ці слова на реальні переживання дітей. Дітям буде набагато зрозуміліше, якщо вони почують: «скажи Богові, що ти відчуваєш з приводу своїх переживань» або «скажи Богові, що ти відчуваєш з приводу смерті бабусі», ніж «скажи Богові, що ти відчуваєш з приводу своєї ситуації».

5 Часто під час молитви я кажу «Бог», але в сім'ях звертаються до Бога по-різному. Хтось молиться Господу, Богу Отцю, Ісусу або Святому Духу. Звертайтеся до Бога в молитві так, як ви звикли.

6 Допомога дітям у подоланні горя, тривожності та страху змін – процес постійний. Це як навчати когось плавати, а навчитися плавати можна лише на практиці. Будуть спроби і невдачі, будуть несподівані успіхи... Але навчившись один раз, ви вже ніколи не забуватимете. А з досвідом ставатимете дедалі впевненішими. У міру того як ви відточуєте «техніку» і покладаєтеся на Бога, ви починаєте впевненіше «плавати» в різних обставинах і не боятися втопитися. Допоможіть своїм дітям «триматися на плаву» сьогодні, наступного року і через рік. Цей досвід стане для вас рятувальним кругом, який стане в пригоді вам і вашим дітям протягом усього життя.

7 Бог любить зустрічатися зі Своїми дітьми і хоче, щоб у важкі моменти свого життя вони відчували Його мир. Вірний Бог відповість їм у молитві, або під час обговорення ситуацій з вами. Він має дуже багато обітниць для ваших дітей. І коли ми допоможемо їм побачити Бога і почати спілкуватися з Ним посеред складного життєвого періоду, Він наблизиться до них.

Не бійтеся долати цей шлях разом зі своїми дітьми. Нехай Бог наповнить вас Своїм миром і дасть вам упевненість, нехай Він дасть вам сміливість і мудрість у підготовці своїх дітей до життя з Ним у цьому бурхливому світі.

1

На початку

Буття 1

ВАЖЛИВА ІСТИНА

Бог створив світ, в якому постійно щось змінюється.

Нам не завжди подобаються зміни і ми часто чинимо їм опір. Але ж ми самі постійно змінюємося, бо нас такими створив Бог: ми ростемо, розвиваємось і дізнаємося про Нього щось нове. Не всі зміни в нашому житті приходять від Бога, але, коли вони відбуваються, Він допомагає нам стати сильнішими і ні на мить не залишає нас.

Розповідь

На початку був Бог. Бог був тоді, коли ще нічого не існувало. І тоді, і зараз Він незмінний: прекрасний, добрий, досконалий, могутній, справедливий, люблячий і мудрий. З самого початку Бог мав Свій план! Ні, не просто план, а неймовірний задум! Які дива Він приготував! Нам таке і наснитися не могло, навіть уявити собі це важко!

А Бог чекав відповідного моменту… Того ідеального моменту… І ось… Бог сказав перше слово…

Варто Богові сказати слово і все вже зроблено – так почалося велике творіння! Звичайно, Він міг би створити просто гарну картину – незмінний та ідеальний світ. Але цього замало для Бога-Творця! Він задумав щось значно краще: Його творіння здатне розвиватися та змінюватися.

Сонце та Місяць створені для того, щоб після дня приходила ніч, а після ночі – знову день.

Океани теж постійно змінюються: збільшуються, або трохи зменьшуються через припливи та відливи, які теж були у Божому задумі. Чи візьмемо, наприклад, крихітне зернятко: яке величезне дерево з нього може вирости, таке високе, що не завжди можна побачити його верхівку. І це задумав Бог!

Творець створив птахів, тварин, комах, які вилуплюються з малесеньких яєць, стають дорослими, а потім народжують своїх малят. Це коло життя є безкінечним.

І, звісно ж, Бог створив нас – тебе і мене – ми є частиною мінливого світу, ми також змінюємося: ми ростемо, розумнішаємо, мудрішаємо, ми робимо помилки і вивчаємо щось нове. Щодня ми трошки змінюємось.

Світ так створений, що сьогоднішній день не схожий на вчорашній, і коли Бог поглянув на Своє творіння, Він був дуже задоволений Своєю роботою!

У цьому ідеальному мінливому світі Бог показує нам, яким Він є насправді. Завдяки змінам навколо нас і в нашому житті Бог допомагає нам стати такими, якими Він нас задумав, і що б не відбувалося, Він завжди був, є і буде поруч з нами.

І це чудово!

Запитання для обговорення

Відповімо на запитання разом. Я теж на них відповідатиму.

- Що вам сподобалось в цій історії найбільше? Що зацікавило чи здалося несподіваним? Чому?
- Що ми дізналися про Бога з цього оповідання?
- Як ви вважаєте, чому Бог створив не просто картину, а світ, який постійно розвивається та змінюється?

- А який світ створили б ви? Чому саме такий?
- Вам подобаються зміни? Чому?
- Не всі зміни посилає нам Бог, але кожного разу Він допомагає нам зростати і завжди знаходиться поруч. Чи маєте ви якісь зміни в своєму житті саме зараз? Чи подобаються вони вам?
- Як Бог зараз змінює нас? Яким саме чином Бог зараз змінює нас та йде поруч?

Спілкування з Богом

Ти знаєш, що з Богом можна спілкуватися про все на світі? Спробуємо? Спочатку я прочитаю про що ми говоритимемо, а потім кожен зможе до Нього звернутися або в думках, або нашіптуючи в долоньки, щоб ніхто, крім Бога, не почув (*для дітей до 7 років*).

- Скажіть Богові, яка змінність у Його творінні вам подобається понад усе.
- Розкажіть Богові, що ви відчуваєте, коли щось змінюється навколо вас. (*Можна перелічити деякі нещодавні події із життя вашої дитини*).
- Уявіть собі, що ви йдете поруч із Богом. Якщо бажаєте, можна це намалювати, а Бог побачить ваш малюнок. Роскажіть Богові що ви зараз відчуваєте.
- Боже, наблизься до нас, іди разом з нами через ті зміни, через які проходимо ми. Давайте трохи помовчимо і почекаємо, коли Бог наблизиться до нас. (*Почекайте десять секунд*).
- *Можна закінчити спілкування молитвою*: дякую, Боже, за Твою винахідливість, Ти створив світ, що розвивається і змінюється разом з нами. Дякую, що Ти показуєш нам, який Ти є. Дякую, що Ти завжди поруч.

2

Прискилла й Акила

Дії 18

ВАЖЛИВА ІСТИНА

Нема зла, щоб на добре не вийшло.

Лиходій імператор змусив Прискиллу й Акилу залишити свою домівку та податися світ за очі. Спочатку на новому місці їм не було де жити і вони не мали друзів, однак Бог вчинив так, що ця вимушена неприємна зміна у їхньому житті стала їм на добро. Завдяки Акилі та Прискиллі у цьому місті з'явилася перша церква, а апостол Павло, що написав багато книг Біблії, любив зупинятися у їхньому домі. Для багатьох людей Бог перетворив лихо та горе на щось добре. Він все що завгодно може перетворити на щось прекрасне для нас та інших.

Розповідь

– Акило, де моє фіолетове покривало? Я ніде не можу його знайти! – спитала чоловіка Прискилла. Вона зазирнула ще в одну сумку і похитала головою. Немає нічого гіршого, ніж шукати те, що вже є запакованим.

– Гадки не маю! – озвався Акила з іншої кімнати, – може, воно у тих коробках, що вже на кораблі?

– Дуже б не хотілося його загубити, це ж татовий подарунок! – Прискилла зітхнула і закрила сумку. Уперши руки в боки, вона озирнулася – їхній будинок спорожнів. Вони знову переїжджали до іншого міста і матроси вже віднесли всі коробки та меблі на корабель.

– Тимофій у будь-яку мить буде тут, щоб провести нас на пристань. Ми ж не хочемо спізнитися на корабель, – знову голосно сказала Прискилла.

У кімнату ввійшов Акила і протягнув дружині маленьку дерев'яну іграшку.
– Ледве не забули!

Це була маленька дерев'яна рибка, яку їм подарувала Хлоя, коли тільки починала робити свої перші іграшки. Вони посміхнулися, Прискилла провела пальцями по її нерівностях і тріщинках. Вона знову зітхнула і глянула довкола.

– Як же добре нам було у цьому домі! Пам'ятаєш, як ми познайомились із Хлоєю на базарі? Пам'ятаєш, як вона нарікала на Бога? А ми все одно запрошували її на вечерю, розповідали про Ісуса, і ось тут вона вперше молилася. – Прискилла посміхнулася в порожнечу. – Із цим будинком у нас пов'язано так багато спогадів про те, як Бог щодня працював у житті людей. Мені дуже не вистачатиме нашої церкви! Скільки разів ми збиралися разом, щоб поїсти, почитати Писання, посміятися, помолитися... Який чудовий був час!

Прискилла востаннє оглянула кімнату і знову зітхнула. Раптом у двері різко постукали. Вона з важким серцем відчинила й побачила усміхненого Тимофія. Він стояв з величезними сумками та сяючим обличчям.

– Ну що, готові? Я так хвилююся! На нас чекає захоплююча подорож!

– Ну, я б не сказала, що я в захваті від цього... – ледь всміхнулася Прискилла. Сум хвилею накотився на неї, коли вони вийшли з дому і востаннє зачинили двері. Прискилла поплескала чоловіка по спині і вони вирушили до пристані.

Тимофій, здавалося, аж підскакував від захоплення:

– Обожнюю подорожувати з Павлом і розповідати людям про Ісуса. Скоріше б в Ефес! Цікаво, що це за місто? Ви там були? Я – жодного разу. Чи ви знаєте, що там є величезний храм, в якому стоїть величезна статуя? Про нього всі знають! – далі торохтів дорогою Тимофій.

Коли вони підійшли до базару, обличчя Акили засяяло. Він збавив ходу і почав протискатися між прилавками, прощатися зі знайомими торговцями, обійматися з друзями та перекидатися жартами, адже, навряд чи він знову сюди повернеться. Прискилла здаля махала рукою і посміхалася. Знайомі просили не забувати їх і запрошували приїжджати у гості, а вона відповідала, що так і буде. Десь у кінці базару з'явився Акила. У нього в руках був повний кошик подарунків від друзів-торговців – останній прояв дружби та любові.

Акила взяв Прискиллу під руку і нахилив до неї кошик.
– Апельсинки? Від Селіни з любов'ю!

Очі Акили наповнилися сльозами.
–Як же я за ними сумуватиму! Це ж наші друзі. Любов і радість, яку вони нам дарують – неоціненні. Мені боляче навіть від думки про від'їзд.

Тимофій усміхнувся.
– Ви тут завжди жили? Мені здається, що ви тут усіх знаєте!

– Ні, – заперечив Акила, – взагалі, ми з Риму. Уся наша родина звідти. Я там народився, зустрів Прискиллу і там ми одружилися. Рим назавжди у наших серцях.

– Тоді чому ви переїхали? – поцікавився Тимофій.

– Через імператора Клавдія, – знизав плечима Акила. – він змусив євреїв покинути Рим. У нас не було вибору. Ми змушені були або виїхати, або померти.

– Як жахливо! – Тимофій аж зупинився.

– Так, – кивнула Прискилла. – Нам здавалося, що життя закінчилося. Ми не знали куди їхати, але ми були впевнені, що Бог проведе нас згідно Своєї волі, так ми опинилися тут. Ні, ми не чули прямого Божого наказу: «ідіть сюди»... Коли наш корабель пришвартувався тут, ми просто відчули спокій і подумали, що нам потрібно залишитись у цьому місті.

Дорога повернула і всі почали спускатися сходами. Вже було чутно крик чайок, вони підходили до пристані.

Акила переклав кошик в іншу руку.
– Через кілька тижнів після нашого переїзду сюди, ми зустріли Павла. Ми почули, що він розказував про Ісуса і захотіли допомогти йому. Павло, як і ми, шив намети. Він шукав собі житло, отож, ми запросили його до свого дому.

Дорога закінчувалася і вже виднілася пристань. Великі човни та маленькі човники, колисані вітром, гойдалися на хвилях. Присцилла глибоко зітхнула.
– Коли ми покидали Рим, не знаючи де пришвартується наш корабель, я навіть уявити не могла, як Бог буде діяти. Але Він зробив так, що найгірші в нашому житті обставини привели нас у місце де панувала любов і де нас чекали неймовірні події. Бог привів нас туди, де в нас з'явилися ціль, друзі та можливість бачити Його працю. А тепер Бог бажає, щоб ми покинули все це.

– Я дуже радий, що ви їдете з нами, – усміхнувся Тимофій. – Дивіться, он Павло!

Вдалечині на тлі великого дерев'яного корабля з високими щоглами та яскраво-білими вітрилами виділялася маленька фігура – це був Павло. Він енергійно махав їм руками. Тимофій помахав у відповідь і побіг до нього.

Зупинившись, Прискилла простягла Акилі руку. Вони востаннє дивилися на дороге їх серцю місто. Цього разу замість смутку вона відчула вдячність.
– Дякую, Боже, що подарував нам можливість тут жити,– пошепки подякувала вона. – Я довіряю тобі, мій Боже. Я не знаю, що буде на новому місці, але я впевнена, що там будеш Ти, отже, там буде ще більше любові та неймовірних подій. Дякую!

Акила потиснув її руку.
– Готова?

Прискилла подивилася на корабель і помахала Павлові.
– Так.

Запитання для обговорення

Відповімо на запитання разом. Я теж на них відповідатиму.

- Що в цій історії вам найбільше сподобалося? Що зацікавило чи здалося несподіваним? Чому?
- Що ми дізналися про Бога з цього оповідання?
- Іноді здається, що зміни – це завжди погано. Прискилла та Акила хотіли жити в Римі, але змушені були поїхати. Вам колись здавалося, що у вашому житті щось змінюється в гіршу сторону? Що ви відчували?
- Біблія каже, що Бог перетворює все на добре для тих, хто любить Його (До римлян 8:28). Вам знайома ситуація, коли здавалося, що все погано, але зрештою Бог все перетворив на добро? Поділіться нею. Я почну. *(Наведіть приклад зі свого життя або розкажіть історію* з **parentingforfaith.org/comfort-stories**).

Спілкування з Богом

Поспілкуймося про це з Богом?

- Господи, іноді важко зрозуміти, що доброго може вийти, коли... *(вкажіть обставини, з якими зіткнулася ваша дитина чи сім'я)*, але ми знаємо, що Ти можеш усе це перетворити на добро.
- Давайте розповімо Богові про ті ситуації, коли зрештою Він перетворював труднощі в нашому житті, у житті інших людей або біблійних персонажів на добро.
- *Дайте дітям папір та олівці та попросіть намалювати свою складну ситуацію. Це може бути сильна тривожність, яку вони відчувають, зміни чи відчай.*
- *На цьому ж малюнку намалюйте Бога, який перетворює всі ці обставини на добро. Як Він це робить? Де він?*
- *Можна закінчити спілкування молитвою*: дякую, Боже, що Ти набагато сильніший за всі неприємності та горе, Ти все можеш перетворити нам на краще. Ти добрий до нас сьогодні, завтра та завжди. Нам кортить дізнатися, як Ти зміниш наші обставини нам на користь.
- *Покажіть та поясніть свої малюнки один одному.*

3
Розповідь пастуха

Псалми 22; Єв. від Матвія 18:10-14

ВАЖЛИВА ІСТИНА

Бог схожий на доброго дбайливого пастуха.

Ісус називає Себе добрим Пастирем, Який голосом веде нас за Собою, а якщо ми заблукаємо, Він шукає нас допоки не знайде. Коли все навколо змінюється, дуже просто розгубитись і не знати, що робити далі. У такий час важливо вірити, що Бог – поруч, Він проведе нас через усі труднощі, адже усі ми потребуємо доброго Пастиря, особливо, коли ми розгублені.

Розповідь

Ще декілька кроків і Калев – на вершині пагорба. Він озирнувся та одразу впав у розпач.
– Дідусю, ти був правий! Бракує однієї овечки! Її ніде немає!

Вечірнє сонце відкидало довгі темні тіні на скелі та величезні камені. Овечка могла сховатися або застрягнути в якійсь ущелині. Йди знайди її тепер!

Дідусь повільно підіймався на пагорб. Нижче по схилу, де паслися вівці, Калев побачив свою сестру Ганну. Вона гралася із найжвавішими ягнятами. Коли мама сказала їм, що вони поїдуть на тиждень до дідуся в гості, Калев зрадів до нестями. Дідусь мав сотні овець і пообіцяв Калеву та Ганні взяти їх із собою на пасовища, щоб вони спробували побути пастухами. Спочатку Калев думав, що це дуже цікаво, однак, ближче до обіду, він вже знудився. Робота пастуха виявилася не зовсім такою, якою він її собі уявляв. А тут ще з'ясувалося, що зникла одна овечка.

Дідусь вже майже дійшов до вершини. Із кожним кроком він спирався на великий посох з гаком на кінці, з силою впираючи його в землю, щоб не оступитися. Сонце і важка праця залишили на його смаглявому обличчі глибокі зморшки, а в короткій бороді з'явилися сиві та білі пасма.

– Вівці мають дуже поганий зір, тому потребують вівчара, який їх вестиме, – захекавшись, сказав дідусь. – Без пастиря вони в небезпеці. Іноді вони можуть заблукати, а наша робота – знайти їх. – Він охопив поглядом кам'янистий ґрунт. – Гм… Куди б я пішов, якби був овечкою?

Голос сестри зупинив їхні пошуки.
– Темніє! Збираємось додому?

Дідусь посміхнувся Калебу і крикнув у відповідь:
– Ні! Завтра ми поведемо овець на нове пасовище, тож сьогодні розіб'ємо тут табір і наглядатимемо за ними вночі. Можуть прийти вовки, тому треба стежити, щоб вони не нашкодили вівцям і не викрали ягнят.

– Ура-а-а! – закричала Ганна і побігла їм назустріч. – Ми будемо спати тут із вівцями та битися з вовками? Нічого собі! Чудово!!

Дідусь усміхнувся.
– Так, я бачив, як добре ти стріляєш з рогатки. Мабуть, сьогодні вночі вона стане в нагоді!

– Ура-а-а-а! – заверещала від захоплення Ганна.

Калеву аж дух перехопило…

– Цілу ніч на вулиці з вовками? Серйозно? – подумав він.

Дідусь ляснув себе по ногах.
– Отож, треба підготуватися до вечора. Ганно, чи ти зможеш розпалити багаття? Я залишу тут свою велику сумку. Всередині є ковдри. Калев, ти допоможеш мені зібрати отару. І пильнуй, бо може, раптом, побачиш овечку, яка заблукала.

Дідусь і Калев пішли вниз до отари. Вівці розбрелися схилом пагорба й були схожі на білосніжні кульбабки. Калев побіг уперед, спрямовуючи овець у бік дідуся. Але щоразу, коли він підбігав до них, вони підстрибували від несподіванки та розбігалися в різні боки.

– Дідусю, що я не так роблю? – потираючи голову, розчаровано запитав хлопчик.

Дідусь поплескав онука по плечу.
– Ти все робиш правильно, просто вони тебе ще не впізнають.

Він повернувся до пасовища і гукнув.
– Вівці, за мною! – і вирушив у бік пагорба. Ті, що були ближче до старого, одразу пішли за ним. Калев ледь не впав від здивування. Дідусь продовжував співати і звати овець, і поступово всі вони разом з дідусем попрямували до підніжжя пагорба.

– Як ти так робиш, що вони за тобою йдуть? – не міг вгамуватися Калев.

Дідусь засміявся.
– Вони впізнають мій голос. Голос вівчара їх заспокоює, вони почуваються у безпеці. Коли вівці чують мене, то знають, що на них чекає їжа, вода, укриття та захист. Вони ж не знають, де у пустелі є вода, а я знаю. Вони не знають, де смачна соковита трава, а я знаю. Вони не бачать небезпеки, а я бачу. Вони знають, що коли вони зі мною, я про них подбаю і дам все необхідне.

Сонце зайшло і почало смеркатися. Дідусь все ще стояв біля струмка у підніжжя пагорба, час від часу співаючи і розмовляючи з вівцями. Вівці вечеряли соковитою травою, гасили спрагу зі струмка і все ближче притискалися одна до одної, вмощуючись зручніше до сну. Вони здавалися спокійними та умиротвореними.

– Дідусю, якщо вівці знають твій голос, то чому вони губляться? – не вгавав Калев.

– Деякі – уперті і хочуть йти туди, куди їм забажається, – засміявся дідусь. – Деякі відволікаються та перестають чути мій голос, заходять кудись і не можуть знайти дорогу назад. Їх може відволікти все, що завгодно. Але, якщо вони губляться, я їх обов'язково шукаю і знаходжу, бо всі вони – мої вівці. Старий окинув поглядом отару.

А Калев подумав: *добре бути ягням у такого вівчара, як мій дідусь.*

На небі прокинулися зірки, а на землі заснули поля. На них блакитним сяйвом відбивалося світло яскравого місяця.

– Ідіть до вогнища! – крикнула Ганна. – Я знайшла в сумці харчі!

– А як же без їжі! – засміявся дідусь. – Мої вівчари-помічники не повинні голодувати. Я скоро прийду. У моїй отарі все ще немає однієї овечки. Я мушу її знайти! Ганно, ти доглядай цих овець, а я піду шукати загублену.

– Біжу! – схопилася дівчина, – зараз тільки візьму рогатку! Ну, вовки, стережіться!

Калев дивився на вогнище та їжу. Він зголоднів і хотів їсти, але й зниклу овечку він теж хотів знайти.

– Дідусю, почекай, я з тобою!

Залишивши яскраве вогнище позаду, вони вирушили в темряву. Калев згадував усі стежки, якими вони ходили того дня, а дідусь кликав овечку, сподіваючись, що вона прийде на його голос. Хлопець згадав, як уранці він зачепився одягом за колючі кущі біля каміння. Може, вона теж зачепилась і застрягла між густих гілок?

– Дідусю, почекай... – сказав він і побіг знайомою стежкою. Місяць підсвічував невеликий виступ скелі і поруч із ним колючий чагарник. Там щось ворушилося. – Сюди, дідусю, дивись! – калев підбіг до куща і побачив маленьку овечку, що заплуталася у гілках. – Ось вона! Ми її знайшли! – прокричав хлопчик.

Овечка втомилася і її мекання було ледве чутно. Дідусь простягнув Калеву свій довгий пастуший посох. Хлопець обережно розсунув ним гілки, зачепив гачком овечку і витяг її з гущавини. Вона тихенько замекала, Калев підняв і притиснув її до грудей. Він відчував, як билося її серденько а тремтяче тільце притискалося до нього.

– Здається, – усміхнувся дідусь – ти – справжній вівчар!

Калеву дуже хотілося захистити цю маленьку згубу-овечку. Всю дорогу назад до вогнища, при слабкому світлі місяця, він міцно притискав її до себе. Він гладив її і лагідно приповідав, що вона смілива і що тепер вона у безпеці.

Коли вони підходили до отари біля підніжжя пагорба, пролунав пронизливий свист. Калев збентежився, в ту саму мить біля його ніг упав невеликий камінь.

Із темряві пролунав крик.
– Навіть не думайте, вовки! Геть від моїх овець!

– Це ми. Ми! – засміявся дідусь.

– Ой! Дідусю! – прокричала Ганна.

Коли Калев підходив до отари, йому назустріч вибігла мама-вівця, здавалося, вона мекає від радості. Маленька овечка заворушилася, намагаючись вивільнитись, і Калев опустив її на землю. Мама-вівця відразу ж почала її годувати. Тепер вся отара була разом та в безпеці! Ну хіба це не привід для гордості вівчара-початківця?

– Тепер можна і повечеряти, – сказав дідусь.

– На добраніч, мала! – посміхнувся Калев овечці.

Він пішов на пагорб. Біля його ніг раптом щось зашелестіло. Він подивився вниз і побачив ту саму овечку.

– Здається, вона вже впізнає твій голос! – усміхнувся дідусь. – Не всі овечки однакові. Хтось вимагає до себе більше уваги, а хтось менше. Бери її з собою.

У Калева від щастя мало серце не вистрибнуло з грудей! Він підхопив овечку, притулив її до себе.
– Тримайся ближче до свого пастуха і більше не губися!

Коли всі зібралися навколо вогнища, дідусь розпочав тиху бесіду.
– Декілька тисяч років тому цар Давид теж був пастухом. Він часто сторожував ночами свої отари, і з ним був Бог. Тихо потріскував вогонь, на руках у Калева ворушилася овечка. – Послухайте, що говорив Давид. Мені цікава ваша думка... – дідусевий голос приємно забринів:

«Господь – то мій Пастир, тому в недостатку не буду, на пасовиськах зелених оселить мене, на тихую воду мене запровадить! Він душу мою відживляє, провадить мене ради Ймення Свого по стежках справедливости. Коли я піду хоча б навіть долиною смертної темряви, то не буду боятися злого, бо Ти при мені, Твоє жезло й Твій посох вони мене втішать!»*

* Псалмів 22:1-4

Калев, Ганна та дідусь мовчки сиділи біля вогнища. У повітрі лунали лише приглушені звуки отари.

Якщо мій дідусь такий добрий пастух, то яким же має бути Бог! – думав Калев. – *Боже,* – проговорив він у серці – *я такий радий, що я в Твоїй отарі. Боже, Ти мій Пастир, Мені так потрібен той, хто вестиме мене за собою! Я хочу знати Твій голос! Покажи, якою стежкою мені йти! Я хочу бути в безпеці та поряд з Тобою.*

Калев подивився на сплячу овечку. Йому було дуже затишно з нею.
Знайди мене, Боже, якщо я загубився, і тримай мене, як я цю овечку, і тоді я буду в безпеці.

Калев подивився на дідуся. Який чудовий сьогодні видався день!

Запитання для обговорення

Відповімо на запитання разом. Я теж на них відповідатиму.

- Що вам сподобалось в цій історії найбільше? Що зацікавило чи здалося несподіваним? Чому?
- Що ми дізналися про Бога з цього оповідання?
- Бог каже, що Він наш добрий пастух, а ми – Його вівці. Як Він піклується про нас? У вас були випадки, коли Бог піклувався про вас як пастух про своїх овець? Розкажіть. *(Наведіть приклад зі свого життя або розкажіть історію* з **parentingforfaith.org/comfort-stories**).
- Вівці йдуть на голос пастиря, щоб бути поруч із ним і відчувати себе у безпеці. Чи вдається вам триматися ближче до Бога і відчувати, що все спокійно і вам нічого не загрожує?
- Буває, що ми чогось боїмося або нам дуже сумно. У такі моменти ми справді потребуємо розради. Як зазвичай люди заспокоюють один одного і допомагають відчути себе краще? А як нас втішає Бог?

Спілкування з Богом

Давайте поспілкуємося з Богом?

- Пастухи дуже багато роблять для своїх овець: показують, куди їм йти; знаходять загублених, годують, поять, захищають від небезпеки. Бог – наш Пастух. В чому ви маєте потребу сьогодні? Розкажіть Йому! *(Це можна зробити в думках або пошепки в долоні).*
- Бог завжди поруч зі Своїми вівцями і знає, що їм потрібно. Давайте заплющимо очі і попросимо Бога наблизитись до нас і дати те, що ми сьогодні потребуємо. *(Зачекайте десять секунд у тиші).*
- *Можна закінчити спілкування молитвою*: дякую, Боже, за те, що Ти – наш Пастир. Веди нас, заспокоюй, не відпускай і бережи від небезпеки. Якщо ми загубимося, знайди нас, будь ласка! Дякую, що Ти так дбаєш про нас!
- Як ви вважаєте, що робив Бог, коли ви мовчали? *Поділіться своїми думками.*

4

Сим і довге очікування

Буття 6-8

ВАЖЛИВА ІСТИНА

Бог готує для нас майбутнє – часто ми навіть не уявляємо яке воно.

Уже кілька місяців Ноєва сім'я жила на воді, кінця-краю не було видно цьому плаванню. Здавалося, що вони більше ніколи не побачать сушу, але Бог уже готував для них затишне місце. Ми також не завжди знаємо, що робить Бог. Іноді нам здається, що ми зависаємо в невизначеності, але Бог уже щось для нас готує. Наша справа – довіряти Йому і не сумніватися, що ми отримаємо саме те, що нам потрібно.

Розповідь

Опершись ліктями на перила ковчега, Сим зітхнув. Він пильно вдивлявся в далечінь, намагаючись знайти хоч якийсь натяк на сушу, але йому заважав блиск сонця, що відбивався від води.

Щодня він з надією шукав землю, але довкола була тільки вода. Багато води!

Сим почав свій регулярний обхід палубою величезного корабля. Його рука ковзала по грубій деревині перил. Він продовжував вдивлятися в далечінь у пошуках хоч натяку на гору, острів чи дерево. От би не бачити цього безкрайнього океану!

– Щось цікаве бачиш? – із трюму з’явилася мама з повним кошиком мокрого одягу.

Сим підхопив кошик і допоміг їй піднятися на палубу. Опираючись на перила, він знову зітхнув.
– Я так сподівався на диво! Скоріше б зійти з цього корабля і почати нове життя! Звичайно, на цьому кораблі Бог врятував нас від потопу, але ми вже півроку тут живемо! Півроку кудись пливемо, чогось чекаємо... Я нічого не розумію!

– Я теж, – погодилась мама. – З іншого боку, Бог так детально розповів нам який корабель побудувати, як зібрати тварин, – напевно, Він щось для нас готує!

– А може й не готує, – приєднався до розмови Яфет, брат Сима. – Може, Він чекає від нас якихось дій! Може нам треба цілодобово по черзі молитися, щоб вода відступила, або розібрати дерев'яні стійла для худоби, зробити з них маленький човен і вирушити на пошуки суші.

– Зробити маленький човен? – посміхнулася мама, простягаючи мотузку поперек палуби. – Геніальна ідея! – вона підштовхнула кошик до Яфета, і він почав розвішувати мокрий одяг.

– Твій батько вже щось робить, – сказала вона. – Кілька тижнів тому він випускав на пошуки суші ворона.

Сим звів очі вгору.
– Й що з того? Птах політав сюди-туди і на цьому справа закінчилася.

– А голуб? – заперечив Яфет, вивішуючи довгий шматок тканини. – Пам'ятаєш голуба? Він повернувся лише за тиждень. Йому просто ніде було приземлитися!

– Ви свого батька знаєте, – посміхнулася мама. – Він не такий, щоб здатися. Сьогодні вранці він випустив ще одного голуба.

Сим насупився. На його погляд відправляти птахів на пошуки

суші – нелогічно і марно. Він почувався в пастці, як ті тварини, що подорожували з ними. А якщо це ніколи не закінчиться? Де Бог і що Він робить?
– Котрий день я все дивлюся й дивлюся, а жодних змін нема, – тихо сказав Сим. – Навколо лише вода та небо. Може Бог про нас забув? – зітхнув він.

Мама підійшла до Сима і подивилася на воду.
– Ми не завжди бачимо, що робить Бог, але це не означає, що Він нічого не робить. Перед тим, як Яфет з'явився на світ, Бог ростив його всередині мене дев'ять місяців. Ніхто не бачив як це відбувалось. Ми не знали на кого він буде схожий і який в нього буде характер. Ми не знали, що в нього на ногах виростуть такі довгі пальці а волосся на голові смішно закручуватиметься на бік.– вона скуйовдила синові волосся. – Ми нічого цього не бачили, а Бог готував для нас диво.

Сим засміявся.
– Я не міг дочекатися, коли ти народишся. Я щодня казав мамі, щоб вона тебе виштовхнула. А вона терпляче відповідала, що ще занадто рано, але мені було байдуже! Я не мав із ким гратися! А мама казала, що тобі треба як слід підрости, а мені – мати терпець.

– Я вірю, що Бог щось робить, ми просто поки не бачимо, що саме, – усміхнулася мама Симу.

Сим знову обперся на перила. Легкий вітерець скуйовджував його волосся. *Цікаво, Бог зараз теж щось робить?* – подумав він.

Удалечині щось блиснуло. Сим випростувався, примружив очі і вдивився в ясне небо.
– Мамо, поглянь! Бачиш? – він вказав на купчасту хмарину.

– Ця хмара схожа на жирафа!

– Та ні, мам! Бачиш там маленьку цяточку? Що це? – Сим знову показав, куди він дивиться. – Яфете, дивись!

Обидва брати вп'ялися поглядом у крихітну, блискучу плямку в небі.
– А коли тато випустив того голуба? – спитав Сим.

– Сьогодні зранку, – відповіла мама. – Щось він занадто швидко повертається. Того першого голуба довго не було видно. Я покличу батька! – вона підійшла до трюму і гукнула чоловіка. – Ною! Іди сюди! Твій голуб повертається!

Сим не міг відірвати очей від голуба.
– У нього в дзьобі щось є, чи мені це здається? – спитав Яфет.

Голуб сів на перила і Сим обережно підійшов до нього, намагаючись не злякати. – Гляньте, він тримає маленьку гілочку з листочками! Мабуть, він знайшов землю!

Яфет ніжно взяв голуба і притиснув його до грудей. Він обережно витягнув гілочку з пташиного дзьоба, віддав її Симу, а голуба заніс у клітку.

Сим не міг відірвати від неї погляду. Востаннє він бачив живу рослинку півроку тому. Весь його світ був водою. Але Бог десь щось вже робив: спадала вода, з'являлася суша, проростали нові рослини... Десь...

Сим торкнувся ніжного листочка. Бог готував для них майбутнє, а він навіть не підозрював цього. Бог не забув їх, Він просто готував для них новий світ.

Мама взяла в нього гілочку.
– Що будемо робити, Симе? – спитала вона.

– Почекаємо, поки Бог закінчить Свою справу! – радісно усміхнувся Сим.

Запитання для обговорення

Відповімо на запитання разом. Я теж на них відповідатиму.

- Що вам сподобалось в цій історії найбільше? Що зацікавило чи здалося несподіваним? Чому?
- Що ми дізналися про Бога з цього оповідання?
- Не всім людям вистачає терпіння. Чому так важко буває чекати?
- Коли ми не бачимо, що робить Бог, нам здається, що Він про нас забув. Вам коли-небудь здавалося, що Бог не робить того, чого би вам хотілося?
- Що саме у майбутньому вас турбує? Яку невидиму річ ви би хотіли, щоб Бог зробив для вас?

Спілкування з Богом

Поспілкуємося про це з Богом?

- Боже, іноді важко чекати і не знати, що буде далі. Дякую, що Ти готуєш для нас майбутнє, навіть коли ми цього не бачимо. Розкажіть Богові в думках чи пошепки в долоні про те, що вас турбує в майбутньому.
- Що ви відчуваєте, коли вам доводиться чекати на завершення Божої роботи? Розкажіть про свої почуття Богові.
- Попросіть Бога дарувати вам спокій та віру, що Він все для вас підготує. *(Почекайте деякий час).*
- *Можливо, ви захочете закінчити спілкування молитвою*: дякую, Боже, що, хоча ми не бачимо свого майбутнього, ми знаємо, що Ти його готуєш вже зараз та піклуєшся про нас. Ми віримо, що коли все буде готово, Ти приведеш нас саме туди, де ми маємо опинитися. Ми любимо Тебе.

5

Напруга у Филипах

Дії 16; Филип'ян 4:6-7

ВАЖЛИВА ІСТИНА

Бог дає нам Свій спокій, якщо ми віддаємо Йому наші тривоги.

Іноді ми так хвилюємося через щось, що ні про що інше навіть думати не можемо. Через постійне почуття тривоги найменші проблеми здаються нам непосильними. А Бог не хоче, щоб ми постійно так жили, Він бажає дати нам мир і спокій навіть у найскладніших ситуаціях. Якими б важкими не були наші обставини, ми завжди можемо мати мир Божий. Як цьому навчитися? Давайте подивимося, що писав Павло християнам домашніх церков у Филипах.

Розповідь

– Ласкаво просимо! Вітаємо, проходьте!

Харіса почула гучний голос батька, який зустрічав друзів і незнайомих людей, що прийшли до них поспілкуватися про Ісуса. Щотижня у них вдома збиралася група людей. Гості разом їли, співали, молилися, жартували та вивчали Писання.

Харісі було цікаво, хто до них сьогодні прийшов, і вона потайки зазирнула за тонку абрикосову завісу, що відокремлювала задню кімнату від вітальні. Зазвичай вона любила ці зустрічі, але не сьогодні. Сьогодні її голова була наповнена зовсім іншими думками.

Її батько був начальником маленької в'язниці у Филипах. Від завтра вона мала приносити їжу в'язням.

Чим більше вона думала про свої нові обов'язки, тим більше її охоплювало хвилювання: *А якщо ці в'язні дуже злі? А що буде, як вона раптом спіткнеться дорогою і все що вона нестиме випаде з рук? Чи скаже якусь дурницю перед охоронцями, з якими працює її батько? Ох!..* – Харіса кілька разів глибоко зітхнула. Їй дуже не хотілося підводити батька, хотілося, щоб він нею пишався.

Вона безуспішно намагалася заспокоїтись і не думати про погане. Але від самої думки про завтра у неї забурчало в животі.

– Харісо! – покликав її батько. – Ми ось-ось почнемо!

– Іду! – зітхнула Харіса. Вона поправила на собі сукню, відкинула завісу і увійшла до великої теплої вітальні. В кімнаті не було де яблуку впасти. Як завжди, деякі обличчя були їй знайомі, а когось вона бачила вперше.

З іншого кінця кімнати з нею привіталася Лідія, найкраща подруга її мами, і знаками закликала до себе.

– Харісочко, я чула, в тебе завтра починається нове життя!? Я дуже радію за тебе! А ти задоволена?

– Напевно... – непомітно кивнула вона.

Лідія посміхнулась і погладила Харісу по щоці.

– Маю для тебе сюрприз! Сподіваюся, коли ти дізнаєшся що це, тобі стане легше! – Вона по змовницьки підморгнула. – Лист!

Лідія випросталася на весь зріст та перекрикуючи тих, хто зібрався в кімнаті, голосно сказала:

– Друзі! Я принесла вам чудову новину! Ось! – вона підняла руку, в якій щось тримала. – Лист від Павла! Не всі знають Павла. Здається, він був у Филипах років десять тому...

– Дев'ять! – перебив її батько Харіси. – Він потрапив до моєї в'язниці. Пам'ятаю, я міцно спав, коли почався такий сильний землетрус, що в'язниця мало не зруйнувалася! Трясло так, що всі двері відчинилися! Я був певен, що Павло та Сила втекли. Але де там! Вони не просто не втекли, а ще й усю ніч розповідали нам, що для нас зробив Ісус. Тієї ночі вся моя сім'я дізналася істину та прийняла хрещення при світлі ліхтарів! – батько аж усміхнувся від приємних спогадів.

– Ви знаєте, – Лідія знову спробувала привернути увагу, – Павла знову ув'язнили за його проповіді про Ісуса, тільки вже в Римі. Навряд чи його звідти звільнять. Можливо, це його останній лист до нас.

Вона вибрала найвищий стілець, сіла і приготувалася читати листа. Харіса і всі, хто був у кімнаті, зручно вмостилися і затихли. Харіса сіла окремо від усіх, у самому кутку кімнати.

Лідія розгорнула та акуратно розгладила листа.
– Ці слова Павлові сказав Бог, а Павло написав їх нам. Давайте послухаємо!

Якийсь час Харіса уважно слухала, але потім її увага почала розосереджуватись. Подумки вона повернулася до того, що її так сильно хвилювало: їжа, яку треба приготувати, дорога, якою їй треба було йти до в'язниці... Вона непокоїлася, що скажуть ув'язнені, і що може піти не так. Харіса ніяк не могла позбавитися цих нав'язливих думок, важким каменем вони лягали їй на серце. На очі набігали сльози. Але, раптом, крізь хвилювання до неї дійшли слова Лідії:

*Ні про що не турбуйтесь, моліться за все. Розкажіть Богові про свої бажання і подякуйте Йому за все, що Він робить. Тоді ви відчуєте Божий мир, який неможливо пояснити. Ваші серце і розум будуть сповненими миру, якщо ви вірите в Ісуса Христа.**

* Филип'ян 4:6-7

Ці слова вразили Харісу до глибини душі! Вона подумала, що їй обов'язково треба запам'ятати кожне слово! Заплющивши очі, вона подумки промовляла їх:

Ні про що не турбуйтесь... *Як це можливо?* – спитала себе Харіса. Її багато чого непокоїло!

Розкажіть Богові про свої бажання... *Ну, це просто! Я бажаю всього!* – подумки розмовляла з Богом Харіса. – *Хочу мати мир, про який говорить Павло, бо я боюся, що завтра в мене нічого не вийде, або вийде не так, як треба. Я хвилююся, що можу підвести батька. Мені страшно! Боже, мені потрібна Твоя сила та істина!*

Варто було Харісі почати виливати своє серце Богові, як вона вже не могла спинитися. Вона розповідала Йому про всі свої почуття та переживання, поки в неї не закінчилися слова. Нарешті її розум заспокоївся. Вона сперлася на спинку стільця, притулилася головою до прохолодної стіни і розслабилася.

Подякуйте Йому за все, що Він зробив... Із цим у Харіси не було проблем. Вона глибоко вдихнула, повільно видихнула і почала молитися.

Дякую тобі, Боже, за мою сім'ю. Дякую, що Павло опинився у в'язниці мого батька, щоб усі ми могли почути про Тебе. Дякую за можливість допомогти годувати в'язнів. Дякую, що Ти обрав нас, щоб розповісти людям про Тебе. Дякую, що говориш зі мною, коли Ти мені потрібний. Дякую...

Слова подяки текли, мов ріка. Після кожного «дякую» Харіса відчувала, як її серце і всю її наповнює спокій і мир. Деякий час вона просто сиділа в тиші, відчуваючи чудове, надійне, впевнене почуття спокою. Зникло хвилювання. Зник страх. Залишився лише мир.

На думку знову прийшли слова Павла: **Тоді ви відчуєте Божий**

мир, який неможливо пояснити. Ваші серце і розум будуть сповненими миру, якщо ви вірите в Ісуса Христа.

Харіса посміхнулася: *Боже, дякую, що Ти дав мені сьогодні цей мир. Я щаслива, що він і завтра не покине моє серце!*

Запитання для обговорення

Відповімо на запитання разом. Я теж на них відповідатиму.

- Що в цій історії вам сподобалося найбільше? Що зацікавило чи здалося несподіваним? Чому?
- Що ми дізналися про Бога з цього оповідання?
- Що вас хвилює або турбує? Як переживання впливають на ваші думки чи фізичне самопочуття? Чому з тривогою найскладніше справлятися поодинці?
- Бог дуже любить нас. Чому Богові важливо, щоб ми ні про що не хвилювалися і не турбувалися?
- Протилежність хвилюванню – мир. Ісуса називають Князем миру. Що означає відчувати мир і ні про що не хвилюватися? Згадайте, коли у житті ви почувалися абсолютно спокійно?

Спілкування з Богом

Поспілкуємося про це з Богом?

- Дуже важко перестати турбуватися та хвилюватися, але Бог хоче нам допомогти. Павло, який написав листа до Харіси та її друзів, тричі рятувався з кораблетрощ, на нього кричали, йому погрожували, кидали до в'язниці... які тільки неприємності з ним не траплялися. Йому довелося навчитися знаходити мир у серці. Своїм секретом він поділився з Харісою та її друзями. Ми теж можемо дізнатися про цей секрет!
- Отже, перше, що потрібно зробити, – розповісти Богові все,

що є в нас на серці, розповісти Йому про все, що ми відчуваємо чи бажаємо. Скажіть Богові подумки чи пошепки в долоні про те, що вас сьогодні найбільше турбує, і за що ви хвилюєтеся. Він хоче почути це від вас! Не поспішайте, ви маєте час, просто скажіть мені, коли закінчите. Я теж з Ним говоритиму, як і ви. *(Якщо ваша дитина краще сприймає інформацію візуально чи фізично, дайте їй можливість намалювати чи написати те, що вона відчуває).*

- Друге, що потрібно зробити, – подякувати Богові за все, що Він робить у вашому житті. Подумаймо, що Бог робить у нашому житті? Що ми маємо доброго в... *(опишіть ситуацію, в якій є діти зараз)*? Якщо ви не впевнені, що відповісти, ми можемо обговорити все це разом, або потім окремо з тими, хто захоче.
- І останнє – насолоджуватися миром Божим. Боже, ми розповіли Тобі все, що є у нас на серці, і подякували Тобі за все, що Ти для нас робиш. Дякую, що даєш нам мир та спокій! Глибоко вдихнемо, видихнемо і трохи помовчимо, відчуваючи Божий мир і спокій. *(Почекайте деякий час, щоб діти відчули присутність Бога).*
- *Можна закінчити спілкування молитвою*: дякую, Боже, що Ти завжди хочеш дати нам мир! Дякую, що допомагаєш знайти вихід із безвиході та даєш надію. Наповни сьогодні наші думки і серце Своїм миром та спокоєм.
- *Поділіться один з одним своїми почуттями.* Що ви зараз відчуваєте?

6

П'ять сестер і «несправедливий» закон

Числа 27:1-11

ВАЖЛИВА ІСТИНА

Бог любить справедливість! Часом, коли нема визначеності, потрібно стати на захист того, що правильно.

Невизначеність часто робить нас безпорадними, але Бог хоче, щоб ми були сміливими та не боялися протистояти несправедливості. П'ятеро сестер опинилися в дуже складних обставинах: їхній батько помер, а за Законом спадкоємцями майна ставали лише сини. Братів у них не було, тому їм загрожувала бідність та втрата всього. Звичайно, завжди можна впасти у відчай, скласти руки та нічого не робити, але сестри наважилися на відчайдушний крок: вони знали, що Бог любить справедливість, тому спробували змінити Закон. Іноді, у скрутні часи, важливо залишатися сміливими!

Примітка для батьків: щоб допомогти дітям розібратися зі своїми емоціями, ми будемо використовувати такі слова, як: «несправедливо» та «неправильно». Багато дітей, опинившись у важкій ситуації, відчувають своє безсилля від несправедливості і не знають, як правильно описати свої почуття словами. Допоможіть дітям висловити свої почуття словами та подивитися на ситуацію так, як її може бачити Бог. Можливо, через обставини, що склалися, Він дає їм можливість допомогти самим собі та іншим.

Розповідь

Тірца штурхнула ногою камінчик. Її волосся плуталося від вітру і прилипало до обличчя. Сьогодні пустеля була неймовірно розпеченою. Її старша сестра Хоґла дуже нервувала і Тірца намагалася не муляти їй очі. Цього важливого спекотного дня її сім'я, що складалася з п'яти сестер, боротиметься за своє майбутнє. Сьогодні стане ясно, чи вдасться їм перемогти.

Хоґла подивилася на своїх молодших сестер, які гралися біля намету.
– Дівчата, ходіть до мене.

Тірца зітхнула і подивилася на шпарину в довгій загорожі навколо Божого намету. Вітер тріпотів величезними шматками білої матерії, напнутої на грубі дерев'яні бруси. Якщо нахилити голову певним чином та зазирнути у шпарку, то можна побачити, що відбувається за загорожею.

Вона так і зробила. По той бік вона побачила повний двір чоловіків та Мойсея, який розмовляв про щось зі священиками. Там зібралися всі важливі та впливові люди її громади. У неї в горлі пересохло від хвилювання.

Вона відчула, як позаду хтось підійшов. Це була Хоґла. Її теж цікавило, що там відбувалося.

– Даремно ми це затіяли, – прошепотіла Тірца. – Якби Бог хотів змінити Закон, то вже давно зробив би це. Ми точно цього зробити не зможемо. Хто нас взагалі слухатиме?

Хоґла похитала головою.
– Коли помер тато, ми втратили не лише його. Ми втратили своє майбутнє. За Законом ми не можемо отримати частку батька, коли увійдемо до обіцяної землі. Нам нічого не передбачено, тому що ми жінки. Батько помер і ми все втратили, немов у нас взагалі ніколи не було батька! Де ми будемо жити та створювати свої сім'ї? Ми станемо безхатьками! Це неправильно!

– Я знаю, що це неправильно! – повернулася Тірца до сестри. – Але невже ти справді думаєш, що ті чоловіки – вона махнула головою у бік двору – подивляться на нашу маленьку сім'ю з п'яти жінок і скажуть: «Без проблем! Ми змінимо для вас Закон»? – Тірца похитала головою. – Вони просто нас виженуть!

Хоґла рішуче поправила на собі туніку.
– Не виженуть! Я від них не відчеплюся! – вона знову зазирнула у шпарину. – Там усі найшановаініші чоловіки – промовила Хоґла та зблідла.

– Бог скаже тобі, що говорити! – підбадьорила сестру Тірца.

Усі сестри обійнялися і швидко прошепотіли: *Боже, будь ласка, допоможи нам.*

Потім усі п'ятеро увійшли до двору.

Тірца обережно озирнулася. Від хвилювання її долоні спітніли. Вона навіть не була впевнена, що їм можна туди заходити. Ніхто не звернув на них уваги, тому Хоґла потягла Тірцу за рукав.
– Ходімо! – сказала вона і почала пробиратися через натовп до Мойсея.

Невдовзі їх помітили священики та зверхники народу. Вони вказували один одному на дівчат і про щось перемовлялися. Тірца кинула погляд на Хоґлу – її губи ворушились, вона обмірковувала, якими словами переконувати їх.

Попереду з'явилася скинія заповіту. Там Тірца побачила Мойсея, який розмовляв зі священиками, і її серце затріпотіло від страху і хвилювання. Чи матимуть сестри свій дім – це залежало від цих людей.

Над шатром у небі здіймався Божий стовп хмари. Тірца дивилася на нього і думала: *Навряд чи мене послухають ці люди, але моя сім'я точно не покинута Богом. Всі ці роки в пустелі Бог часто говорив Своєму народові про справедливість та чесність.*

Він часто наказував їх громаді ставитись один до одного справедливо. Тірца окинула поглядом подвір'я. *Може не лише їхня родина добивалася справедливості, може і Бог також?*

В цей момент на дівчат звернув увагу Мойсей. Від здивування він перервав свою розмову, але одразу ж привітно посміхнувся.
– Говоріть. Слухаю.

Тірца відчувала як Хоґла поряд тремтить від страху, тому вона підійшла до сестри ближче і взяла її за руку. Хоґла у відповідь легко потисла руку сестри і голосно, щоб усі навколо почули, сказала:

– Наш батько помер, коли ми мандрували пустелею. Він не загинув під час повстання. Він помер від старості. Синів у нього не було, тільки ми – п'ять дочок. Закон каже, що земля нашого батька перейде нашим дядькам, бо там не згадується, що дочки можуть бути спадкоємцями. Але ми вважаємо, що це неправильно. Ми хочемо, щоб нашого батька пам'ятали та щоб завдяки землі збереглося його ім'я.

На обличчі Мойсея відобразилось занепокоєння.
– Зачекайте тут. Я пораджуся з Богом. Зрештою, це Його Закон.

Мойсей показав священикам і вчителям жестом, щоб ті трохи почекали і увійшов у скінію.

– Молодець! – усміхнулася і прошепотіла сестрі Тірца. – Залишилось тільки дочекатися відповіді.

Сестри, притулившись одна до одної, стояли в очікуванні Божого слова перед скинією заповіту. Здавалося, що всі навкруги дивляться лише на них! Тірца подивилася на обличчя молодших сестер і помолилася, щоб Бог влаштував їхнє майбутнє.

За кілька хвилин із намету вийшов Мойсей. Спочатку він

підійшов до священика і щось тихо йому сказав.Священик голосно вигукнув:
– Усі слухайте відповідь Господа!

Тірца не знала, що й думати. Вона намагалася хоч щось прочитати на обличчі Мойсея. Яку відповідь він отримав від Бога? Що він їм скаже?

Мойсей підняв руки, закликаючи до тиші.
– Я віддав Господу справу цієї сім'ї. Ось Його відповідь – Мойсей зробив паузу і, посміхнувшись, продовжив, – Господь сказав: «Доньки Целофхада мають рацію. Вони повинні успадкувати землю нарівні з братами свого батька. Дай їм землю, яку ти збирався дати їхньому батькові».

– О, Боже! Дякую тобі! – від радості Тірца простягла до неба руки, а Хоґла кинулась обіймати своїх щасливих сестер. Бог їх почув. *Він дав Свою згоду!*

Тірца почула невдоволений гомін чоловіків, що стояли навколо. Не всім були до вподоби такі зміни Закону Бога, але їй було байдуже. Їй відлягло на серці! У них із сестрами буде майбутнє у цій громаді, як і хотів батько. Авжеж, Бог є Богом справедливості!

Краєм ока Тірца побачила, як Мойсей закликає всіх до тиші. Дивно, – подумала вона, *– це ще не все? Бог сказав ще щось?*

– Тоді Бог сказав мені, – продовжив Мойсей, – Якщо чоловік помре і не залишить сина, то все, чим він володіє, буде передано його дочці. Якщо в нього немає дочки, його спадщина перейде його братам... І стане це для ізраїльтян встановленим Законом.

Тірца не могла повірити почутому! Бог не просто допоміг їхній маленькій родині, Він змінив Закон! Відтепер це стосується всіх дочок! Присутні не могли приховати свого подиву! Цей Закон стосується всіх. Майбутні покоління жінок відтепер зможуть добиватися справедливості.

Тірца стала на коліна перед стовпом Божої хмари, те ж саме зробили і її сестри. Божий наказ вразив її до глибини душі!

Ми, п'ять звичайних жінок, просто сказали про те, що нам видалося несправедливим. Дивіться, що Бог може зробити, коли хтось виступає за правду. Дякую Тобі, Господи Боже! Дякую Тобі!

– Молодець! – тихо промовив у відповідь Господь.

Запитання для обговорення

Відповімо на запитання разом. Я теж на них відповідатиму.

- Що в цій історії вам найбільше сподобалося? Що зацікавило чи здалося несподіваним? Чому?
- Що ми дізналися про Бога з цього оповідання?
- Іноді наша ситуація здається нам несправедливою: «ми точно не заслуговуємо на це!» Ви колись переживали щось подібне? Я почну. *(Наведіть приклад зі свого життя або розкажіть історію з* **parentingforfaith.org/comfort-stories***).*
- У цій історії сестри відчували, що їм потрібно обстоювати свої інтереси і сміливо заявити про несправедливість щодо них. Чому так важко бути сміливим і чесно сказати про несправедливість?
- Бог допоміг сестрам, а завдяки їхній хоробрості Закон змінився для всіх жінок. Чому ситуація в якій зараз ви знаходитися *(опишіть її)* здається вам несправедливою? Що змінилося б для вас і Бога, якби ви стали сміливішими? Що б ви хотіли змінити?

Спілкування з Богом

Поспілкуймося про це з Богом?

- Розповімо Богові подумки чи пошепки в долоні, що нам здається несправедливим у... *(опишіть ситуацію)* і що ми з цього приводу відчуваємо.
- Боже, коли ми розуміємо, що щось не так, ми хочемо діяти. Ти кажеш, що любиш справедливість та правду. Підкажи нам, будь ласка, як нам діяти зараз і в майбутньому? Дай нам почути Тебе в думках та в серці! Ми хочемо бути сміливими. Дай нам мужність говорити та діяти! *(Почекайте деякий час, щоб діти мали можливість відчути присутність Бога).*
- *Можна закінчити спілкування молитвою*: дякую, Боже, що Ти бажаєш справедливості у всьому. Ти створив нас. Ти дав нам здатність говорити та діяти. Дай нам потрібні слова і наповни нас Своєю сміливістю і силою, щоб ми могли постояти за себе та інших. Ми любимо Тебе.
- Що ви можете зробити проти несправедливості чи неправди? *Поділіться своїми ідеями.*

7
Спів у печері

1 Самуїла 22:1; Псалмів 56

ВАЖЛИВА ІСТИНА

Ми співаємо Богові – Він змінює наші серця.

Музика – це могутня сила. Вона будить у нас нові почуття і допомагає висловити їх тоді, коли нам бракує слів. Споконвіку люди співають Богові, щоб наблизитись до Нього. Коли ми співаємо, Він забирає наш страх і занепокоєння та наповнює нас миром і спокоєм. Навіть якщо ми у важких обставинах, в тривозі чи навіть у горі, музика допомагає нам висловити свої почуття та відчути, що поруч з нами є Бог.

Розповідь

Давид притулився до скелястого схилу пагорба й уважно оглянув місцевість внизу й довкола себе. Він пильно вдивлявся в кожну тінь, намагаючись вловити хоч найменший рух. Йому важливо було переконатися, що за ним ніхто не стежить. Який сенс ховатись, якщо люди знають, де ти знаходишся?

Давид обернувся, вперся руками у вхід печери і зазирнув усередину. Він намагався хоч щось розгледіти, але перед ним була лише суцільна темрява. Протягом деякого часу він уважно прислухався, чи не чути всередині чийогось гарчання чи дихання. Тиша… Ані звуку… *Напевно, ця печера підійде,* – подумав він.

Давид озирнувся ще раз і швидко шмигнув всередину, спотикаючись об розкидане всюди каміння. Він зупинився, щоб очі звикли до темряви, а тоді почав пробиратися вглиб, доки не дійшов до рівного місця серед високих похилих стін. Давид ствердно кивнув – це саме те, що йому потрібно, цар Саул його тут точно не знайде.

Давид відкинув кілька каменів убік, розстелив на землі покривало і сів. Обпершись на скелю, він завмер, дивлячись в порожнечу. Він задумався про своє життя: все пішло не так, як він планував. Колись пророк Божий сказав йому, що він стане царем. Це було б так чудово! Він переміг Голіафа і щосили намагався служити царю Саулу, бо ретельно готувався до того дня, коли сам стане царем.

Але раптом все пішло шкереберть. Цар безпричинно зненавидів його і намагався заарештувати. Хто б міг подумати, що йому доведеться тікати від царя і ховатись у печері? Хіба таке можна запланувати?

Навкруги було дуже тихо. Давид вмостився якомога зручніше і глибоко зітхнув. У голові як бджоли роїлися питання і Давид почав задавати їх Богові: *Чому все пішло не так? Що мені робити? Як я стану царем, якщо мені доводиться ховатися в печері?*

Від відчаю та нерозуміння Давид підняв до неба руки! Ніхто не знав, що він тут, не було від кого чекати допомоги, крім Бога, звісно.

Давид кинув камінчик і почув, як він стукнувся об стінку печери і покотився твердою землею. Він заплющив очі і заспівав. Спів завжди заспокоював його.

Він співав пісню свого дитинства, коли ще був пастухом і допомагав батькові пасти овець. Йому подобалася сама мелодія, але слова не дуже пасували до його настрою. Добре було б придумати нові.

І він вирішив поки що просто наспівувати мелодію і підбирати нові слова, щоб висловити те, що він зараз відчував. Із самого серця полилася пісня до Бога: *Боже, помилуй мене, помилуй! У Тебе я шукаю захисту. Я сховаюся у тіні Твоїх крил, доки не* пройде лихо.*

Давиду подобалося як ця пісня звучить із новими словами, він заспівав її ще раз. Він співав і уявляв як він ховається в руках Бога. Поступово напруження стало спадати, його тіло розслабилося, до нього знову повернулося відчуття безпеки. І чим безпечніше він себе почував, тим більше йому хотілося співати. І тут Давида осяяло: що б він не робив, йому не вдасться самому зробите себе царем. Це Божа справа, а не його! Бог Сам вирішить цю проблему.

Давид усміхнувся і в серці залунали нові слова: *Я кличу до Бога Всевишнього, до Бога, що чинить для мене добро. Серце моє зміцнилося, Боже; серце моє зміцнилося. Я буду співати та* славити Тебе!**

У серці Давида палала любов до Бога. Він схопився на ноги і якомога голосніше повторив свою пісню від початку до кінця. Кінець пісні також був новим:

*Я буду Тебе вихваляти, о Господи, серед народів, бо Твоє милосердя велике воно аж до неба, а правда Твоя аж до хмар.****

Голос Давида відлунював у печері. Здавалося, що йому підспівують янголи! Він ліг на покривало, заплющив очі і з вдячністю глибоко зітхнув. Більше нічого не хвилювало його серце.

Давид анітрохи не сумнівався, що Бог його любить, не допустить, щоб із ним щось трапилося і обов'язково зробить те, що обіцяв.

Він ще раз глибоко зітхнув і знову заспівав.

* Псалмів 56:2

** Псалмів 56:3,7

*** Псалмів 56:10-11

Запитання для обговорення

Відповімо на запитання разом. Я теж на них відповідатиму.

- Що в цій історії вам найбільше сподобалося? Що зацікавило чи здалося несподіваним? Чому?
- Що ми дізналися про Бога з цього оповідання?
- У вас є улюблені пісні? Які? Чому вони вам подобаються? Що ви відчуваєте, коли чуєте ці пісні?
- Давид співав Богові, коли був щасливим, коли йому було сумно чи страшно, або просто від радості. Як ви думаєте, чому Бог зробив так, що музика так сильно впливає на людей?
- У вас є улюблені пісні поклоніння? Як вони наближають вас до Бога?

Спілкування з Богом

Поспілкуємося про це з Богом?

- Поклоняймося Богу разом. Я почну молитися, і якщо ви згадаєте якийсь псалом або пісню поклоніння, чи просто захочете послухати пісню, яка допомагає вам краще висловити свої почуття Богу і нагадує вам про Нього, то ми спробуємо знайти та послухати її. Якщо не знайдемо, то спробуємо заспівати її самі!
- Боже, Ти знаєш нашу ситуацію. Розповімо Богу подумки чи пошепки в долоні про свої почуття. *(Дайте дітям декілька секунд).* Ми хочемо бути з Тобою та розповісти Тобі про це через музику. Нагадай нам пісні, які допоможуть наблизитися до Тебе.
- *Дізнайтеся, які пісні діти хочуть почути і почніть співати разом із ними. Нехай кожен робить те, що йому найкомфортніше: підспівує разом з усіма, просто сидить,*

чи лежить і слухає, заплющивши очі. Можливо хтось захоче малювати чи щось писати під співи інших. Нехай діти по черзі вибирають, яку пісню вони хочуть послухати. Співайте стільки, скільки захочеться.

- *Можна закінчити спілкування молитвою*: дякую, Боже, що стаєш до нас ближчим і наповнюєш наші серця спокоєм, коли ми співаємо Тобі. Ми любимо Тебе.

Складіть плейлист

- *Можна зробити список пісень, які допомагають вашій родині у конкретній ситуації. Запитайте у своїх рідних, які пісні поклоніння нагадують їм про істину, яку вам важливо почути, допомагають принести радість і мир у серце або висловити свої почуття до Бога або про Бога.*
- *Слухайте пісні в машині чи вдома. Додавайте нові пісні в старий плейлист або щоразу робіть новий.*

8

Четвертий

Даниїла 1-3

ВАЖЛИВА ІСТИНА

Бог завжди поруч, незалежно від того, бачимо ми Його чи ні.

Горе, тривога та зміни в житті часто змушують нас почуватися самотньо. У Писанні Бог постійно обіцяє нам, що буде поруч, але не завжди ми це відчуваємо. Троє друзів Шадрах, Мешах та Авед-Неґо зустріли багато випробувань у житті: ще в дитинстві вони пережили війну, їх забрали в полон і відвезли за тисячі кілометрів від дому до чужих людей, які служили чужим богам, але вони не втратили віри у свого істинного Бога. Вони знали: якщо буде зовсім складно, Він прийде їм на допомогу.

Розповідь

Холодний вітер пробирав до кісток. Авед-Неґо щільніше закутався у товсту накидку. Минуло вже кілька годин як вони з друзями вирушили рано-вранці в Дуру, але повітря все ще не прогрілося.

– Так, моя черга вибирати, – усміхнувся Авед-Неґо своїм друзям. – Тепер… о-о-ось це дерево! Хто влучить каменем по самій верхівці? Авед-Неґо показав на високе дерево з іншого боку дороги.

Шадрах засміявся, підібрав камінь, старанно прицілився і кинув у дерево.

– Промазав! – вигукнув Мешах.

– Влучив! Але в маленькі гілочки збоку! – відрізав Шадрах. – Тепер твоя черга!

Авед-Неґу завжди було смішно слухати перепалку своїх друзів. Він був дуже вдячний за них Богу. Їхня дружба почалася ще в дитинстві. Після війни їх усіх забрали і привезли до Вавилону. З роками їхня дружба тільки міцнішала. Теперь вони вже були дорослими і займали важливі державні пости при цареві – стежили за справами царської провінції.

Авед-Неґо радів, що навіть у Вавилоні вони не втратили своєї віри в єдиного істинного Бога, хоча часом це було дуже важко. Часто їм доводилося приймати непрості рішення, щоб не втратити своєї віри і підтримувати один одного. Це було особливо важко, бо у Вавилоні, де вони жили, ніхто не вірив у їхнього Бога. Мешах завжди надихав друзів шукати Господа і не здаватись, Шадрах нагадував Божі істини місцями з Писання. Вони постійно відчували на собі правицю Бога, наче Він ні на мить не залишав їх. Чудова команда!

– Дивіться! – Мешах показав на щось попереду.

Вдалині з'явилася величезна золота статуя їхнього царя. Вона так блищала на сонці, що сліпила очі і їм довелося примружитися. Навколо статуї ходили люди, вони нагадували собою маленьких мурах, що повзали – такою величезною вона здавалася.

– Вона набагато більша, ніж я думав, – сказав Шадрах.

Мешах кивнув на знак згоди.
– Цар хотів, щоб усі його службовці прийшли сюди і подивились, що статуя вже встановлена.

Авед-Неґо занепокоївся: *Боже*, – благав він. – *Нам дуже потрібна Твоя мудрість. Будь поряд із нами. Ти нам дуже потрібний*. Своїм же друзям він сказав:

– Ходімо швидше! Схоже, що всі готуються до початку церемонії. Краще бути вчасно.

Друзі підійшли до відкритого майданчика перед золотою статуєю і підняли голови. Статуя була настільки величезною, що їм не вистачало зросту дотягтися навіть до пальців на її ногах. Поряд зі статуєю розігрувалися музиканти. Трохи вище на помості метушилися члени царського двору. Царя ніде не було видно, але Авед-Неґо знав, що він десь тут.

Шадрах принюхався.
– Димом пахне, відчуваєте? – Він озирнувся. – Ось там, звідти. За статуєю в небо здіймався густий стовп чорного диму.

Авед-Неґо стало неспокійно на душі.
– Щось тут не так. Ходімо станемо позаду.

– Згоден, – кивнув Мешах.

Вони мовчки стали пробиратися до краю натовпу.

Шадрах уважно оглянув статую з ніг до голови.
– Вона справді схожа на царя, – прошепотів він.

Барабанний бій закликав натовп до порядку. Усі присутні притихли. На поміст поряд зі статуєю вийшов оповісник і голосно, щоб усім було чутно, прокричав:
– Люди з різних племен, народів, які говорять різними мовами! Ось що наказано вам виконати: як тільки ви почуєте звуки музичних інструментів, ви повинні впасти на землю і вклонитися золотій статуї, яку поставив сам цар Навуходоносор. Кожен, хто цього не зробить, одразу ж буде кинутий у вогненну піч!

Після його слів у Авед-Неґо всередині наче все обірвалося! *О, Господи!* – благав він. – *Що нам робити?* Шокований Авед-Неґо повернувся до друзів.

– Ми не можемо вклонитися цій статуї.

– Нізащо! – захитав головою Шадрах. Бог чітко говорить нам у Своєму Слові – не вклонятись нікому, крім Нього.*

У Мешаха тремтіли руки.
– Нам не звикати! – сказав він. – Головне, що ми служимо нашому Богові. І так буде завжди.

Авед-Неґо взяв друзів за руки і тихо помолився: *Боже, ми знаємо, що Ти завжди з нами. Будь поруч і зараз. Ми любимо і обираємо Тебе, Боже!*

Після цих слів Авед-Неґо відразу відпустило. Що би там не сталося далі, глибоко всередині він точно знав: Бог буде з ними, Він буде поруч.

Авед-Неґо востаннє подивився на своїх друзів, і тут залунала музика. Сотні людей навколо них з шумом опустилися навколішки і припали лобами до землі, витягнувши руки перед собою, вони поклонялися величезній золотій статуї, як Богу.

Троє друзів стояли. Здавалося, ніхто довкола не помічав, що вони навіть не стали на коліна. *Може Бог зробив нас невидимими?* – подумав Авед-Неґо.

Музика припинилася і люди почали підніматися з колін. Мешах здивовано озирався.

Авед-Неґо полегшено зітхнув.

Шедрах був не такий спокійний.
– Не знаю, не знаю. Мені не подобається якийсь рух на царському помості. Краще забратися звідси.

* Вихід 20:3

І в той самий момент на Авед-Неґо та його друзів показав пальцем якийсь коротун у темно-червоній туніці. Із натовпу у їхній бік вибігла варта.

За кілька хвилин вона вже вела їх до царя, що сидів у тіні своєї статуї. На ньому був його найкращий одяг, обличчя ж перекосилося від злості.

– Це правда, що ви не вклонилися золотій статуї, яку я поставив? – загарчав він, мов лев. Цар роздратовано почав ходити туди-сюди, потім кілька разів глибоко зітхнув. Авед-Неґо знав, що він їх цінує. Друзі старанно виконували свої обов'язки і до них не було жодних нарікань. Може, він помилує їх?

– Зараз знову заграє музика. Ви повинні впасти ниць і вклонитися золотій статуї, – понизивши голос, повільно промовив цар. – Якщо ви так і зробите, вам нічого не буде. А якщо знову відмовитеся, то одразу потрапите у вогненну піч. І жоден бог вам не допоможе!

Шадрах прошепотів Авед-Неґо: – Бог говорить у Своєму Слові: «Отже, Я наказую тобі: будь сильний та відважний. Не бійся й не лякайся, бо Господь, твій Бог, буде з тобою, куди б ти не пішов».*

Цар різко глянув на Шадраха, підійшов до них на три кроки, нахилився і прошипів: – *Що* ти сказав? Я наказав вам вклонитися моїй статуї!

Усередині Авед-Неґо зростало обурення. Здавалося, що Сам Бог вселяє в його серце сміливість. *Цар думає, що він сильніший за Бога. Але де там!* Розправивши плечі, Авед-Неґо подивився цареві прямо в очі.

– Царю Навуходоносору, ми нікому нічого не повинні пояснювати. Варта мало не впала від подиву. – Якщо ти кинеш нас у гарячу піч, – продовжив Авед-Неґо, – то Бог, Якому ми служимо, врятує нас.

* І. Навина 1:9

І ти нічого не зможеш зробити з нами, якщо Бог не дозволить! Але навіть якщо Бог нас не врятує, знай, ми все одно відмовляємось служити твоїм богам! Ми не поклонятимемося золотій статуї, яку ти поставив.

Цар почервонів від злості і закричав вартовим:
– Зробіть вогонь у сім разів сильнішим! Зв'яжіть їм руки та ноги та киньте у піч!

В ту саму мить вартові підбігли до Авед-Неґо та його друзів. Їх зв'язали та потягли до печі. Авед-Неґо відчував якийсь дивний спокій.
– Бог з нами! – почули вони гучний голос Мишаха.

Піч була схожа на величезного дракона з широко відкритою пащею. Усередині палав вогонь, полум'я, що виривалось з печі, сягало неба. Жар був таким сильним, що Авед-Неґо здавалося, ніби його закинули на сонце. Він заплющив очі: *я люблю* Тебе, Боже.

У цей момент він відчув поштовх у спину і впав у піч. З глухим звуком він ударився об землю.

Не розплющуючи очей, Авед-Неґо чекав: *це і є смерть?* Він не відчував ні болю, ні жару вогню. Авед-Неґо повільно розплющив очі – навколо нього стіною піднімалося полум'я, все горіло над ним і під ним... Він був у вогні, але вогонь його не чіпав, з ним усе було гаразд. Мотузки, які зв'язували руки та ноги, кудись поділися. Як це можливо?

Він повернувся до своїх друзів, які лежали на землі поряд із ним.
– Шадрах! Мешах! – покликав він їх.

Вони повільно розплющили очі і подивилися спочатку на Авед-Неґо, а потім на полум'я.
– Що це? – спитав Мешах.

– Це Боже чудо! – з широко розплющеними очима промовив Шадрах.

Вони допомогли один одному піднятися і оглянули одяг та волосся один одного. Вогонь їх не торкнувся. Все було ціле-цілісіньке! Друзі засміялися і закричали від радості.
– Господь Бог рятує нас! Він – істинний Бог!

– Він *справді* з нами! – сказав Авед-Неґо.

– Так, Я з вами! – пролунав ззаду них голос.

Вони озирнулись і побачили таке світло, яке ніколи раніше не бачили! Світло походило від Того, Хто був разом з ними в печі. Він усміхався.

Авед-Неґо боявся поворухнутися.
– Бог із нами, – прошепотів він. Його переповнювало почуття любові та подяки.

– Шадрах, Мешах та Авед-Неґо, виходьте! – крізь тріск полум'я пролунав голос царя Навуходоносора. – Слуги Всевишнього Бога, йдіть сюди!

Четвертий кивнув Авед-Неґо, і той зрозумів: Бог хоче, щоб вони вийшли до царя.
– Ходімо, – Авед-Неґо обережно потягнув за руки своїх друзів. – У нас ще справи.

Друзі посміхнулися та повернули до виходу. Авед-Неґо кинув останній погляд на Четвертого і ступив з печі назустріч царю. Він щойно бачив на власні очі Бога, Який усе його життя був поруч. Глибоко в серці Авед-Неґо знав, що його Бог буде поряд з ним та його дітьми вічно – неважливо бачать вони Його чи ні.

Запитання для обговорення

Відповімо на запитання разом. Я теж на них відповідатиму.

- Що в цій історії вам найбільше сподобалося? Що зацікавило чи здалося несподіваним? Чому?
- Що ми дізналися про Бога з цього оповідання?
- Бог ніколи не залишав трьох друзів. Він був із ними під час війни, у полоні і навіть у полум'ї печі. Кожен по-своєму відчував, що Бог поруч. Звідки ви знаєте, що Бог поряд із вами?
- Бог не вберіг їх від війни, але троє друзів не переставали любити і довіряти Богові. Чому?
- Чому важливо знати, що Бог поруч?
- Згадайте випадок, коли вам потрібно було знати, що Бог перебуває з вами, і вам це насправді допомогло у тій ситуації. (*Наведіть приклад зі свого життя або розкажіть історію* з **parentingforfaith.org/comfort-stories**).

Спілкування з Богом

Поспілкуємося про це з Богом?

- Він знаходиться поряд з вами все ваше життя. Згадайте і розкажіть Богові, коли ви точно знали, що Він поруч?
- Бог також пам'ятає всі ці моменти. Попросимо Його нагадати нам про ті моменти, коли Йому особливо подобалося бути поруч з нами. *(Почекайте деякий час).*
- Завжди треба пам`ятати, що Бог ніколи нас не залишає. Придумаймо особливий сигнал для Бога, про який знатимете тільки ви і Бог. Цим сигналом ви говоритимете Йому: «Боже, як добре, що Ти поруч». Наприклад: рух пальців, таємне постукування, підморгування – все, що ви з Богом вигадаєте. Поговоріть із Ним і вирішіть, який це буде сигнал.

- Розкажіть Богові, коли або де вам особливо важливо знати, що Він поруч.
- *Можна закінчити спілкування молитвою*: дякую, Боже, що Ти поряд з нами і допомагаєш нам. Як добре, що нам не доводиться почуватися самотніми. Допоможи нам не забувати, що Ти з нами в будь-який час, особливо коли ми не знаємо, що робити.
- Запропонуйте сім'ї хоча б раз за сьогодні подати сигнал-подяку Богові за те, що Він поруч.

9

Марта і важкий день

Єв. від Луки 10:38-42

ВАЖЛИВА ІСТИНА

Бог пропонує нам перестати перевтомлюватись і відпочити разом з Ним.

Іноді, коли ми не знаємо що на нас чекає і не відчуваємо впевненості у завтрашньому дні, ми намагаємося чимось себе відволікти: займаємось домашніми справами, граємо в настільні ігри, ходимо на гуртки, зависаємо в соцмережах, дивомость телевізор, «інсту» або «тік-ток». Ми завжди хочемо контролювати ситуацію, але коли нічого не виходить – впадаємо в депресію. Бог по-Своєму хоче нам допомогти. Він пропонує все відкласти та провести час з Ним.

Розповідь

– Лазарю, можеш підійти на хвилинку, будь ласка? – покликала брата Марта.

У дворі й так було спекотно, а біля вогню, на якому готувалася їжа, було взагалі неможливо стояти. Марта змахнула тильною стороною долоні піт з чола і кинула нарізані овочі в кипляче рагу. Вона намагалася скласти план подальших дій. У голові теж все закипало від думок: ще стільки всього треба встигнути!

Із хати долинав сміх гостей, але вона їх не бачила. Їй дуже хотілося дізнатися чому вони сміялися.

Вона перемішала рагу і зітхнула. Їй подобалося коли до них у гості приходив Ісус зі Своїми учнями. Їй дуже хотілося, щоб їм було комфортно і вони відчували себе бажаними гостями. Але готувати на

20 осіб було нелегко, не кажучи вже про те, що потрібно забезпечити всіх гостей достатньою кількістю напоїв та місцями для сну, якщо вони вирішать переночувати.

Марта вийняла ложку і закрила горщик кришкою. Ще треба було спекти хліб і вона підійшла до маленької печі. Від напруження в неї защеміло в грудях. Наближався час обіду, гості вже зголодніли, а ще не все готове. Марта зітхнула. Вона терпіти не могла, коли не встигала щось зробити, особливо коли старалася для Ісуса.

На двір вийшов брат Марти і примружився на яскравому сонці.
– Щось трапилося? – спитав він.

Марта вказала рукою на глиняні глечики на столі.
– Віднеси їх, будь ласка, до будинку і подивися, щоб у гостей було достатньо напоїв. Я постійно забуваю це зробити.

– Не хвилюйся за гостей, – відповів Лазар. – Вони чудово проводять час! Ісус розповідає різні історії.

У Марти затремтіли губи. Вона так любила слухати історії Ісуса, а тепер їй їх не почути. Якби вона мала чотири руки, вона б усе швидко закінчила і хоч щось встигла б послухати.

Марта відщипнула шматок м'якого тіста і почала розминати його руками.
– А де Марія? Я просила її допомогти нарізати овочі та спекти коржі. У мене рук не вистачає!

Лазар зам'явся...

Марта примружила очі й повторила:
– Де Марія?
– Вона разом із усіма слухає Ісуса.

Марта глибоко вдихнула і різко видихнула. Отже, її сестра Марія,

замість того щоб допомогти їй, пішла слухати Ісуса! У серці причаїлася образа. Вона сформувала другий шматок тіста і приплюснула коржик до стінки печі.
– Віднеси, будь ласка, глечики. Гості, мабуть, хочуть пити.

Лазар зробив так, як просила сестра. Він схопив обома руками глечики і пішов у хату. Марта почула, що його зустріли радісними вигуками. Вона на мить завмерла і прислухалася до щасливих голосів, що долинали зсередини і ледве стримала сльози.

Потім різко обернулася і поставила руки в боки. Їй ще стільки всього потрібно зробити: порізати овочі, що залишилися, стежити, щоб нічого не пригоріло в горщиках, допекти коржі... Здавалося, що кінця-краю не видно всім цим справам. А ще її дуже дратувало, що все доводиться робити самій.

– Який смачний запах! – почувся голос біля дверей.

Марта обернулася і побачила Ісуса. Він посміхався.

– Господи, Тобі байдуже, що Марія мене покинула і мені тут все доводиться робити самій? Скажи їй, щоб вона мені допомогла! – не встигнувши подумати, вибухнула Марта і відразу замовкла, очі округлилися... Їй так хотілося взяти свої слова назад! Вона щойно зігнала злість на Ісусі.

Він підійшов до неї і м'яко промовив:
– Марто, всі ці турботи так сильно тебе виснажують. Ти метушишся і турбуєшся про різні справи.

Вона тільки кивала у відповідь. Ісус завжди все розумів. Він оглянув двір і знову глянув на Марту.
– Але є тільки одна справа, про яку варто турбуватися. Марія знає, що це від неї не відбереться.*

* Луки 10:42

Тільки одна справа, – замислилась Марта. Нині її турбували мільйон різних справ! І чекати на допомогу від Марії було марно. Тому що все, що турбувало Марію, – сидіти поруч з Ісусом.

Від цієї думки Марта наче прикипіла до місця. *Ось воно що! Все, що турбувало Марію – бути поруч із Ісусом. Я зрозуміла.* Марта подивилася Ісусу в очі і зітхнула.
– Марія займається тим, чим мені весь день *хотілося* би займатися, – сказала вона.

Ісус усміхнувся і кивнув у бік горщиків, овочів та безладу на подвір'ї.
– Усе це може зачекати. Ходімо в дім.

Він пішов назад до дверей. Тієї ж миті Марта відчула легкість у всьому тілі. Їй здавалося, що вона пташка, яку випустили з клітки. Все було неважливо, крім одного: до неї прийшов Ісус, Він спілкується, сміється та розповідає історії. *Вона хоче бути поруч із Ним.*

Хтось потім закінчить готувати, хтось потім прибере будинок. Вона не мусить все робити сама. Зараз вона чітко знала, де їй треба бути.

Марта витягла з печі вже готові коржі і відсунула подалі від вогню горщики. Вона подивилася на безлад та недороблені справи, посміхнулася і сказала собі: *Це все зачекає. Зараз я хочу бути поруч із Ісусом.*

Вона повернулась і побігла до хати.

Побачивши її, всі зраділи і почали метушитися, щоби звільнити для неї місце. Ісус усміхнувся, а Марія помахала рукою. Марта сіла на ослінчик і відчула, як серце її тремтить від радості. Втома і напруження поступалися місцем миру Божому в її душі і тілі.

Я трохи відпочину, а потім готуватиму далі. Просто зараз мені треба зробити перерву і насолодитися присутністю Ісуса, – подумала вона про себе.

Лазар щось запитав, чим розсмішив Ісуса і Він сказав:
– Я колись розповідав вам про те, як Андрій вперше взяв Мене рибалити?
Натовп вибухнув сміхом. Усі почали просити: «Розкажи, розкажи...» – вперше за весь день на обличчі Марти з'явилася посмішка.

Запитання для обговорення

Відповімо на запитання разом. Я теж на них відповідатиму.

- Що в цій історії вам сподобалося найбільше? Що зацікавило чи здалося несподіваним? Чому?
- Що ми дізналися про Бога з цього оповідання?
- Вам коли-небудь здавалося, що на вас навалилося стільки всього, що ви вже просто не витримуєте? За яких обставин це було? Як це впливало на ваші думки чи фізичний стан?
- Що ви зазвичай робите, коли почуваєтеся «на межі» своїх сил?
- Ісус хотів допомогти Марті, але Він не поспішав допомогти їй у її справах. Він просто запропонував перестати турбуватися та побути поруч із Ним. Для Марії, наприклад, бути поруч із Ісусом означало сидіти і слухати Його. Але всі ми різні. З Богом можна кататися на велосипеді, малювати, танцювати, читати Біблію, дрімати на ліжку, співати або слухати музику – кожен проводить час із Богом по-своєму. Чим вам подобається займатися? Якщо ви ще не знаєте, що вам подобається робити разом з Богом, то щоб вам хотілося спробувати?
- Як дізнатися, що вам пора відкласти справи і відпочити поруч із Богом? Поділіться випадком, коли ви точно знали, що вам потрібно відпочити, чим все закінчилося? *(Наведіть приклад зі свого життя або розкажіть історію* з **parentingforfaith.org/comfort-stories**).

Спілкування з Богом

Поспілкуємося про це з Богом?

- Усі ми іноді відчуваємо сильну напругу. Розкажіть Богу, чому це відбувається з вами.
- *Але всі ми різні. Увімкніть пісню або музику, щоб створити атмосферу для роздумів. Запитайте Бога, де і як вони можуть відпочивати разом із Ним. Поділіться своїми ідеями один з одним. Попросіть Бога надихнути вас на роздуми та дати вам ідеї. Можна скласти список ідей.*
- *Якщо ви маєте час, то чому б не усамітнитися з Богом саме зараз? Вам ніхто не заважатиме. Тільки ви та Бог. Можна домовитися всією родиною провести час із Богом кожному наодинці, а за кілька днів зібратися всім разом та обговорити свої переживання.*
- *Можна закінчити спілкування молитвою*: дякую, Боже, що зупиняєш нас і запрошуєш відпочити з Тобою. Ти не хочеш, щоб ми жили у постійній напрузі. Дякую, що ми можемо провести час із Царем Всесвіту! Як чудово бути коханими Тобою.

10

Робочий стіл царя

2 Царів 19:14-37

ВАЖЛИВА ІСТИНА

Бог чує та відповідає.

Коли на нас навалюються проблеми, то дуже хочеться, щоб Бог спустився та допоміг нам. Він відповідає на наші молитви по-різному: іноді Бог чудовим чином втручається і змінює ситуацію, а іноді Він просто йде поряд з нами, допомагаючи пережити проблеми. Він завжди відповідає коли ми до Нього звертаємося, і хоче, щоби ми розповідали Йому свої найбільші бажання. Для Бога немає надто великих бажань. І в Біблії, і в житті ми бачимо, що Він може зробити неможливе. Він слухає наші молитви і завжди відповідає на них.

Розповідь

Цар Єзекія відсунув сувій писарю і протер очі.

– Ну чому мені доводиться займатися цією паперовою роботою? – спитав він, заздалегідь знаючи відповідь. Сьогодні був довгий день.

Шевна вклонився царю.
– Це ще не все, царю. – писар розгорнув останній сувій на столі перед Єзекією. – Місцева родина просить дозволу розширити свої володіння до міської стіни. – Шевна коротко виклав цареві зміст сувою. – Більшість членів їхньої родини загинули у битві при Лахіші. Ті, хто залишився – мале та старе – переїжджають жити сюди до Єрусалиму. Їм потрібно прибудувати до будинку більше кімнат. – Шевна показав місце де в сувої записано їхнє прохання.

– Вони чекають на твоє рішення.

Єзекія здригнувся. Багато людей загинуло у цій війні! Він знову зазирнув у сувій.
– Цій сім'ї явно потрібно більше місця у будинку. Дозволяю. Нехай прибудують щільно до стіни за рахунок царства.

На обличчі Шевни відбилося здивування.

– Я нічого не можу вдіяти з цією війною, – зітхнув Єзекія, – Але я можу допомогти грошима. – цар узяв клаптик паперу і щось швидко написав. – Обов'язково передай цю записку сім'ї. Мені важливо, щоб вони дізналися про це особисто від свого царя. Я хочу, щоб вони знали, що я їх почув.

Шевна згорнув сувій і взяв у царя записку.
– Дякую, Ваша Величносте, вони будуть щасливі.

Двері відчинилися і в кімнату зайшов посланець. Він пройшов повз Шевну і опустився навколішки перед царем.
– Послання від Сінаххеріба, царя Ассирійського, – сказав він, простягаючи сувій.

Немов камінь упав на душу Єзекії. Він узяв сувій, поклав його на стіл і замислився. Війна з Ассирією була майже програна, багато його людей було вбито або взято в полон. Сінаххеріб хотів захопити не тільки все царство, а навіть Єрусалим.

Єзекія глибоко зітхнув і, передчуваючи погані новини, розгорнув сувій.

Із тяжким серцем він почав читати листа від Сінаххеріба.

«Єзекія, цар Юдейський, Бог, Якому ти довіряєш, тебе обманює. Не вір Йому, коли Він скаже, що Єрусалим не буде відданий ассирійському цареві. Ти ж чув, що зробили ассирійські царі?

Вони повністю знищили всі країни. Невже ти думаєш, що вцілієш? Хіба їхні боги врятували їх? Усіх їх знищили мої предки. Де зараз ці царі?»

Єзекія закрив обличчя руками. Він був розгублений. Він зробив усе, що в його силах: підготував своє місто до війни з Ассирією, збудував стіни та вежі і забезпечив місто прісною водою. Але цього було недостатньо, щоб урятувати Єрусалим і захистити його народ. Ассирійська армія надто велика і жорстока.

Єзекія відкинувся на спинку стільця і подивився на Шевну, який все ще стояв поруч, тримаючи в руках сувої. Всі вони містили прохання його народу, їхні потреби, благання про допомогу! Єзекія намагався відповісти та допомогти всім, але він лише цар, а не Бог.

І тут він *зрозумів* що йому потрібно робити.

Єзекія взяв листа і заявив Шевні:
– Я покажу це Богові!

Він схопив свою накидку і попрямував до виходу.

– Що означає «я покажу це Богові»? – спитав Шевна. – Я не розумію...

Але у відповідь нічого не почув. Єзекія вже виходив із палацу на жваві вулиці Єрусалиму. Він глянув на пагорб, де стояв Божий храм – Божий престол на землі. Ось куди йому треба йти.

Єзекія йшов вулицями до храму і на серці у нього ставало все важче. *Всіх цих людей можуть вбити чи забрати в полон. О, Господи, почуй мене! Врятуй Свій народ, Боже, бо я не можу!*

Побачивши Єзекію священик здивовано підвівся.
– Ваша Величносте! Я не знав, що ви сьогодні прийдете. Чим я можу вам допомогти?

Єзекія привітав священика.
– Дякую, але мені може допомогти лише Бог.

– Ласкаво просимо до Божого дому, царю, – вклонився священик.

Єзекія ступав чистим білим камінням повз священиків і відвідувачів храму, які спілкувалися між собою або молилися. Він пройшов у внутрішній двір і схилив коліна на великих сходинах, що ведуть до дверей храму. Він, звичайно ж, цар, але сюди він прийшов поговорити з Царем царів.

Єзекія вклонився Богові і дістав листа від Сінаххеріба, нахилився вперед і розгорнув сувій так, щоб його побачив Бог. Страх та хвилювання ятрили душу, але він не втрачав надії. Цар поклав руки на листа, схилив голову і кликнув до Бога: *О, Господи! Ти – Бог усіх царств на землі. Я знаю, що ти любиш нас, Боже, і тому хочу просити Тебе!* – він підштовхнув сувої ближче до дверей храму і схилив голову. *– Цар Ассирійський надіслав нам листа у якому нам погрожує. Ми слабші за нашого ворога, і якщо він нападе на нас, то нам не встояти. Тільки ти, Господи, можеш нас урятувати. Допоможи нам, Боже, врятуй нас!*

Єзекія замовк. Він приніс листа і висловив своє прохання Цареві царів. Все, що йому залишилося робити, – чекати *Його* рішення. Єзекія тихо сидів на сходах. Він то починав знову говорити з Богом, то замовкав і терпляче чекав. Він знав, що Бог може не одразу йому відповісти. *Не можна квапити Царя,* – подумав він і посміхнувся.

Священики навколо займалися своїми справами і старанно служили Богові. Йому подобалося приходити на подвір'я Божого храму. Єзекія знову згадав про листа.
– Боже, прошу, не дозволь Сінаххерібу зруйнувати це місце! – молився він.

Він подумав, чи не повернутися йому до палацу, але тут було так спокійно, що він вирішив залишитись і чекати.

Через деякий час тупіт ніг перебив роздуми Єзекії. Він повернувся і побачив, що на двір вбігає червонолиций молодий чоловік і починає про щось питати священика. Священик нахилив голову і кивнув у бік царя.

Єзекія подивився на лист, який він поклав перед Богом, а потім піднявся назустріч посланцю.

Молодий чоловік вклонився.
– Послання цареві від пророка Ісаї. – він перевів дух і продовжив. – Так говорить Господь, Бог Ізраїля: «Я почув твою молитву про Сінаххеріба, царя Ассирії. Ось, що сказав проти нього Господь!»

І з цими словами посланець передав Єзекії сувій. Тремтячими руками Єзекія розгорнув послання і почав читати вголос відповідь свого Небесного Царя.

«Господь говорить про царя Ассирії так: "його військо не ввійде в Єрусалим. Він навіть стріли в нього не пустить. Вони не підійдуть до його воріт зі своїми щитами і не збудують земляних насипів біля його стін, – голос Єзекії тремтів, він ледве стримував сльози, але продовжив читати далі. – Цар повернеться до своєї країни тією ж дорогою, якою прийшов. Він не увійде до цього міста, – каже Господь! Я стану на захист цього міста і врятую його заради Себе та заради Давида, Мого слуги"».*

Єзекія повільно сів і вклонився, упираючись чолом у коліна. З очей потекли сльози подяки, а на серці була неймовірна радість! Бог його почув! Бог його вислухав! Цар царів почув його прохання!

Його народ не загине! Храм не буде зруйновано!

Єзекія зітхнув і подивився на храм:

* 2Царів 19:32-34

– Якому ж великому Богу ми служимо – Царю царів, Який нас любить, чує наші прохання та відповідає на них!

Єзекія опустився навколішки, щоб підібрати сувій, який він залишив перед Богом. Він загорнув його у той, у якому було написано Божу відповідь і міцно притиснув його до грудей.
– Дякую!

Запитання для обговорення

Відповімо на запитання разом. Я теж на них відповідатиму.

- Що в цій історії вам сподобалося найбільше? Що зацікавило чи здалося несподіваним? Чому?
- Що ми дізналися про Бога з цього оповідання?
- Ворог царя Єзекії мав намір виграти війну, тому що його армія була більшою і сильнішою. Ще він намагався переконати Єзекію, що Бог не допоможе. Чому Єзекія не здався? Що допомогло Єзекії мати нідію, що ще не все втрачено?
- Єзекія приніс показати Богові листа з погрозами, якого він отримав від царя Ассирії. Ми знаємо, що Бог скрізь з нами і що Він все бачить, але Єзекія вирішив принести листа і показати його Богові. Як ти гадаєш, чому Він так зробив?
- Бог не відразу відповів Єзекії, а через деякий час. Єзекії довелося чекати на відповідь від Бога. Вам важко чекати на відповідь від Бога, коли ви з Ним розмовляєте або про щось Його просите? Чому? Що ви відчуваєте чи про що думаєте, коли вам доводиться чекати?
- Бог відповів Єзекії не в храмі. Бог сказав відповідь Своєму другу, який передав його Єзекії через посланця. Іноді Бог відповідає нам не так, як ми очікуємо. Поділіться випадком, коли Бог відповів на ваше прохання і ви дуже здивувалися тому, як Він це зробив! *(Наведіть приклад зі свого життя або розкажіть історію з* **parentingforfaith.org/comfort-stories***).*

Спілкування з Богом

Поспілкуємося про це з Богом?

- Спробуємо наслідувати приклад Єзекії і також розповісти Богові свої бажання! Про що ви хочете попросити Бога, коли... (*опишіть ситуацію, в якій ви перебуваєте*)? Що може символізувати ваше прохання? Це може бути якийсь предмет. Придумайте, що це буде, і принесіть це. Ми можемо робити це разом чи кожен наодинці з Богом – як вам більше подобається.
- Візьміть предмет, який асоціюється у вас із вашим проханням і покладіть його перед собою, неначе показуєте його Богові. Розкажіть Богові в думках чи пошепки в долоні своє велике бажання.
- *Можна закінчити спілкування молитвою*: Боже, ми знаємо, що просимо про щось дуже велике, але Ти – найвеличніший Бог! Ти – Цар царів, Творець Всесвіту, немає нікого могутнішого за Тебе. Подивися, що ми принесли Тобі і дай відповідь на наші прохання. Ми будемо з нетерпінням чекати на неї. Дякую, що вислухав нас, Боже.
- Покладіть предмет на відкрите місце, ніби ви залишаєте його там, де ви і Бог можете його бачити. Наберіться терпіння та чекайте, коли і як відповість Бог. Чекайте та звертайте увагу на те яким несподіваним чином Господь дасть відповідь. Дізнавайтеся один у одного, чи Бог відповів на ваші прохання і яким чином. Не виключено, що, чекаючи Його відповіді, вам доведеться продовжувати наполегливо молитися.

11

Рішення Давида

2 Самуїла 2

ВАЖЛИВА ІСТИНА
Бог показує нам шлях.

Коли потрібно ухвалювати рішення, нас ніби паралізує чи навпаки – ми хапаємось одразу за кілька варіантів. Важко вирішити, що робити, коли сумніваєшся у кожному своєму кроці. Особливо важко ухвалювати рішення нашим дітям. Бог обіцяє показувати нам шлях і вести нас. І робить Він це різними способами. У цій історії ми побачимо, як просто прийти за порадою до Бога і бути готовим прийняти Його відповідь.

Розповідь

Давид совався на лавці. Він дивився на дружину, яка молола муку, і нервово смикав коліном. Йому хотілося з нею порадитись, але він не знав, з чого почати.

– Авіґаїл, що мені робити? – випалив він.

Авіґаїл зупинилася і з подивом подивилася на Давида. Витерши руки об фартух, вона посміхнулася.
– Я знаю, що тобі робити! Береш жорна і мелеш замість мене муку, а я відпочиваю! Поки розтиратимеш зерно, зможеш виплеснути емоції, що накопичилися, а я зможу уважно тебе вислухати.

Давид засміявся і погодився. Йому подобалася її щирість. Тому він на ній і одружився, а зараз йому була потрібна її мудрість.

Із тихим стогоном Авіґаїл встала. Вона лагідно посміхнулася і поцілувала чоловіка коли вони мінялися місцями.

Давид став навколішки перед жорном. Він придавив зерно зверху меншим каменем і почав штовхати і тягнути його на всі боки, розтираючи зерно в борошно. Пізніше Авіґаїл спече з нього коржики. Він був радий зайнятися чимось корисним. Останнім часом йому здавалося, що він нічого не робить.

– Я тебе слухаю, любий, – сказала Авіґаїл.

Давид зітхнув. *З чого почати?* – думав він.
– Коли я був підлітком, Бог сказав мені, що одного дня я стану царем. Потім були довгі роки болю, стресу та боротьби з царем Саулом, але тепер усе це у минулому. Царя Саула більше немає в живих. І незважаючи на всі проблеми, що він мені додав, я все одно засмутився, що він помер, ти про це знаєш.

Авіґаїл кивнула. Давид продовжував розтирати зерно, і навіть увійшов у ритм: взад-вперед, взад-вперед... Від роботи та тертя каміння об каміння в нього злегка оніміли руки.

– Може зараз настав час стати царем? Я не знаю, що мені робити. Чи мені самому оголосити себе царем? Чи для цього потрібно зібрати всіх ізраїльських лідерів? Чи можу я взагалі їх зібрати? А може чекати поки інші щось почнуть робити? Чекати чи не чекати? Треба ще почекати і потерпіти чи вже почати діяти? – Давид був пригнічений. – Я не впевнений, що мені робити.

Засмучений Давид все швидше рухав жорном. Йому хотілося зробити правильно, адже на нього розраховувало стільки людей! Але навіть одна помилка могла призвести до жахливих наслідків на довгі роки.

Він глянув на Авіґаїл. Замислившись, вона обперлася на стіну.
– Мені не хотілося б говорити про це зараз, коли в тебе так добре виходить молоти зерно, але... ти питав про це в Бога?

Давид завмер: *гммм... ні.* У нього була купа нових варіантів. Він радився зі своїми радниками та друзями. Але чи питав він у Бога? Чи казав Йому, що він хоче? Давид похитав головою.
– Ні...

Авіґаїл встала.
– Бог стільки разів проводив тебе через найскладніші ситуації. Він підказував тобі, де боротися і як звільнити мене з полону. Наш Бог допомагає нам приймати великі та малі рішення. Запитай у Нього, який має бути твій наступний крок. Він задумав зробити тебе царем. І Він підкаже тобі в якому напрямку рухатись.

Давид дивився на жорна. Поступово до нього почало доходити, що він намагався сам у всьому розібратися. Але на самоті це було складно. Йому було тяжко. Він почував себе зернятком між двома каменями. Це почуття виникало щоразу, коли він забував обговорити свої справи з люблячим Богом.

Давид витер руки і підвівся.
– Ти права. Мені треба побути деякий час із Богом.

Він підійшов до Авіґаїл і міцно обійняв її.
– Дякую, – прошепотів він у її волосся, і відчув, як вона посміхається, уткнувшись йому в груди.

– Нумо, тобі це потрібно! – поплескала чоловіка по спині Авіґаїл. – Іди і дізнайся, що Бог хоче, щоб ти зробив. Вона вивільнилася з його обіймів і трохи підштовхнула його до дверей. – Або я подумаю, що ти просто ухиляєшся від роботи, щоб тільки мені не допомагати!

Давид вибіг із дому і вирушив у поле неподалік, де росло його улюблене дерево. Йому подобалося розмовляти з Богом у полі та під деревами. Там він почував себе спокійно. Робота залишалася десь далеко, а він просто насолоджувався спілкуванням із Богом.

Він сів у тіні свого улюбленого дерева, притулившись спиною до стовбура, і вдався до роздумів.

Доброго дня, – ніби зі старим другом Давид привітався з Богом і посміхнувся. *– Я ось про що думаю... але я ще хочу дізнатися, що Ти думаєш з цього приводу.* – Давидові подобалося просто думати з Богом. Він відчув, що Бог слухає його, і в душі запанував мир.

Давидові подобалося жити у Секелазі. Він вважав це місто своїм домом. Місто було розташоване на краю царства. Якщо Бог хотів зробити його царем, то, напевно, було б розумніше переселитися ближче до Божого народу, щоб зблизитися з людьми. Чи важливо було, де саме він жив?

– Боже, мені треба повернутися до одного із юдейських міст?

– Так! – почув він у своєму серці тихий, ледь помітний голос.

– Де саме мені йти, Боже? До якого міста?

– У Хеврон – знову той самий голос промовив його серцю.

– Гаразд, – ствердно кивнув Давид. *– Ти тримаєш нас у Своїх могутніх руках, Боже. І я з радістю зроблю те, що Ти хочеш. Я люблю Тебе.*

Давид ще якийсь час сидів під деревом, просто розмовляючи з Богом. Коли сонце було в зеніті, він зрозумів, що настав час повертатися.

Авіґаїл, помітивши чоловіка, помахала йому рукою.
– Ну що, ви з Богом розібралися, що робити далі? – прокричала вона.

– Авжеж! – усміхнувся Давид.

Запитання для обговорення

Відповімо на запитання разом. Я теж на них відповідатиму.

- Що в цій історії вам сподобалося найбільше? Що зацікавило чи здалося несподіваним? Чому?
- Що ми дізналися про Бога з цього оповідання?
- У яку школу піти? Коли сказати друзям «ні»? Яку кімнату вибрати в новому будинку? – Іноді нам так складно ухвалити рішення. Але щодня нам доводиться приймати великі та маленькі рішення. Як ви вважаєте, чому ми іноді забуваємо запитати Бога про те, що нам робити? Або чому ми не хочемо Його питати?
- Бог усяко підказує, що нам робити: у сні, тихим голосом у серці, через Біблію, через образи в думках, відчуття спокою, що ми все робимо правильно, і навіть емоції, наприклад, умиротворення чи хвилювання. Як Бог допомагає вам вирішити, що робити? Розкажіть, ви колись відчували, що Бог допоміг вам прийняти рішення? (*Наведіть приклад зі свого життя або розкажіть історію* з **parentingforfaith.org/comfort-stories**).
- Авіґаїл допомогла Давиду тим, що порадила йому поговорити з Богом. Ми в сім'ї також можемо допомагати одне одному. Як ви вважаєте, про що мені потрібно запитати Бога? А вам?

Спілкування з Богом

Поспілкуємося про це з Богом?

- Давид пішов говорити з Богом на своє улюблене місце. У вас є таке місце, де вам найбільше подобається спілкуватися з Богом? Де? Чому саме там?
- Якщо хочете, можна піти на улюблене місце або одне зі своїх улюблених місць і поговорити там з Богом. Розкажіть Богові,

яке рішення вам складно ухвалити і чому.

- Запитайте у Нього, що вам робити і поміркуйте над ситуацією разом із Ним. Не хвилюйтеся, якщо ви не відразу почуєте або зрозумієте відповідь. Пам'ятайте: іноді Бог говорить через почуття, думки, образи чи просто відчуття спокою в душі.
- *Коли всі закінчать, зберіться в обумовленому місці та поділіться своїми переживаннями.* Що ви відчували під час спілкування з Богом? Що робив Бог? Якщо ви не впевнені, це нормально. Чим частіше ми говоритимемо з Богом, тим легше нам буде розпізнавати Його відповіді нам.
- *Можна закінчити спілкування молитвою*: дякую, Боже за Твою обіцянку вести нас і допомагати приймати рішення. Зроби так, щоб ми не забували приходити до Тебе і радитись із приводу своїх рішень. Допоможи нам пізнати Твій голос і зрозуміти, що Ти нам кажеш!

12

Без слів

Буття 16 і 21

ВАЖЛИВА ІСТИНА

Бог чує наші молитви навіть тоді, коли ми не знаємо, що сказати.

Іноді нас так переповнюють почуття, що ми не знаємо як висловити їх словами. Смуток і складні неясні часи в житті настільки сильно впливають на нас, що ми часто вагаємося що нам робити чи говорити. Але Бог настільки сильно нас любить, настільки добре нас знає, і так близько до нас знаходиться, що чує наші серця навіть без слів. Достатньо принести Богові свої емоції та почуття або попросити Його просто побути з нами поруч, і Він нас зрозуміє.

Розповідь

У Ізмаїла розколювалася голова. Очі сліпив блиск сонця, що відбивався від розпеченого піску. Трохи попереду йшла його мати. Вона сильно втомилася і ледве волочила ноги, але щосили намагалася вести його за собою.

В Ізмаїла пересохло в роті й першило в горлі. Він помирав від спраги. Вода закінчилася кілька днів тому. Їхньою єдиною надією було знайти криницю чи джерело води у пустелі. *Навряд чи ми знайдемо,* – промимрив Ізмаїл. – *Швидше за все, ми загубилися.*

Він згадав як його обіймав батько на прощання. Він досі відчував запах його товстого халата і пам'ятав відчуття жорсткої бороди на своєму чолі. Батько тоді сумно сказав йому: «Все буде добре, синку».

Ізмаїл стомлено тягся за своєю матусею. *Що ми взагалі тут робимо?* – думав він. *Чому батько сказав, що ми більше не можемо з ним жити?*

З кожним кроком переставляти ноги було все важче. Він спіткнувся об камінь і впав.
– Мамо, я більше не можу! – Простогнав хлопчик. – У мене просто немає сил! Я хочу пити. Він знав, що без води він більше не зможе зробити жодного кроку. Боротьбу програно.

Мама погладила сина по щоці.
– Все гаразд, синку, – слабо, але впевнено сказала мама. – Давай відпочинемо. Ми сьогодні й так багато пройшли. Вона допомогла йому дотягтися до великого чагарника і лягти в тіні його листя. – Я люблю тебе, Ізмаїле, – прошепотіла мама, цілуючи його в лоб.

Він стомлено заплющив очі і почув, як мама кудись пішла. Потім йому здалося, що він чує її плач.

Як же мені самотньо – подумав він. – *Господи, чи чуєш Ти мене? Боже, я...*

Він не знав, що казати. Він не мав слів, щоб висловити свої почуття. У житті був повний хаос. Серце наповнила така туга, що йому здавалося воно ось-ось захлинеться від горя. І Ізмаїл голосно й ревно заплакав. Голосіння стрясали все його виснажене тіло.

Йому здавалося, що він плакав цілу вічність.

Але раптом почув голос мами, яка кричала і плакала десь вдалині.
– Ізмаїл! Вода! Я знайшла!

Ізмаїл спробував сісти, щоби побачити, що відбувається. До нього бігла мама, у неї в руках була посудина з водою, вода змочила рукави одягу і капала з рук. Обличчя сяяло від радості!

– Бог нас бачить! – Вигукнула вона, опустившись поруч із ним. Вона підняла його голову і приклала до губ посудину з цілющою водою. – Пий, Ізмаїле. Пий, синку!

Ізмаїл повільно ковтав воду. Нічого смачнішого він у житті не куштував! З кожним ковтком до нього поверталися сили. Він з цікавістю глянув на щасливу маму.
– Де ти знайшла воду?

– Он там, де я сиділа, – показала вона на те місце, звідки прийшла. – Я своїми вухами почула голос із небес! Ангел сказав мені: «Що сталося, Аґаре? – Не бійтеся. Бог почув, як плаче хлопчик. Іди допоможи своєму синові. Візьми його за руку і веди його. Я зроблю його батьком багатьох людей». – Потім я повернула голову вліво і побачила криницю з водою. Прямо поряд зі мною. Вона підняла руки, сміючись і водночас плачучи.

Ізмаїл притих. Він обмірковував, що сталося.
– Бог врятував нас, – лагідно сказав він.

– Так, Він нас врятував! – повторила мама. – Розумієш, Бог не сказав, що почув *мене*. Він сказав, що почув *тебе*.

Ізмаїл подивився на маму, а потім перевів погляд на криницю.
– Але мамо, я не міг молитися. Я не сказав Богові жодного слова. Я не знав, що казати. Я просто... плакав.

Агар ніжно торкнулася сина.
– Не всі молитви сказані словами. Богові не потрібні були слова. Він любить тебе. Він бачив тебе. Він почув твій плач. Він зрозумів. Іноді цього достатньо для молитви. Аґар усміхнулася.

Ізмаїл замислився над її словами. *Так, Бог почув його ридання. Бог був із ним! Він був не один.*

Ізмаїлу згадався дім.

– Але це не змінює того, що сталося з нами, – його серце знову сповнилося смутком.

– Ні, синку, не змінює. І розлука з батьком ще довго відгукуватиметься болем, – зітхнула вона. – Але з нами Бог. Він це показав нам, і має великі плани щодо нашого життя. – Аґар м'яко поплескала сина по плечу. – І ми знаємо, що Він чує нас.

Ізмаїл подивився у бік криниці. – *Дякую, Господи, що прийшов нам на допомогу. Я не мав слів, але Ти почув моє серце.*

Запитання для обговорення

Відповімо на запитання разом. Я теж на них відповідатиму.

- Що в цій історії вам сподобалося найбільше? Що зацікавило чи здалося несподіваним? Чому?
- Що ми дізналися про Бога з цього оповідання?
- Ізмаїлу здавалося, що його життя закінчується. Він не знав, що казати. Ви коли-небудь відчували, що вам бракує слів, щоб поговорити з Богом?
- Богові не завжди потрібні слова, щоб почути нас.Він хоче, щоб ти ділився з Ним своїми почуттями так, як у тебе виходить. Як ще, окрім як словами, можна висловити Богові свої почуття?
- Поділіться випадком, коли ви не знали, як описати словами свої почуття, але були впевнені, що Бог вас почув, зрозумів і відповів вам. (*Наведіть приклад зі свого життя або розкажіть історію з* **parentingforfaith.org/comfort-stories**).

Спілкування з Богом

Поспілкуємося про це з Богом?

- Боже, наша ситуація змушує нас відчувати безліч різних почуттів. Випробуй нас, Боже, і дізнайся про всі думки наших сердець. Ми хочемо, щоб Ти нас знав.
- *Просто посидіть із Богом у тиші або слухаючи музику. Не обов'язково щось говорити, достатньо просто відпочити у присутності Бога. Запросіть Його побути поруч із вами.*
- *Можна закінчити спілкування молитвою*: дякую, Боже, що знаєш нас досконало. Почуй наш плач, наші думки і зрозумій нас, навіть якщо ми не знаємо, що сказати. Дякуємо, що любиш нас.

13
Ризик

Дії 9 і 22

ВАЖЛИВА ІСТИНА

Навіть у найбільш невизначеній ситуації Бог ставить перед нами мету і дає завдання.

Всі ми хочемо чогось досягти в цьому світі. Усі ми хочемо бути потрібними та відчувати, що здатні щось змінити. Але раптом у житті виникають труднощі, і вони нас настільки паралізують або пригнічують, що ми перестаємо допомагати іншим. Бог ніколи не сумнівається, що ми сильні і завжди можемо прийти на допомогу. Це Він створив нас такими і Він дає нам можливість зробити свій маленький внесок у здійснення Його великих планів, навіть коли ми самі проходимо через труднощі в житті.

Розповідь

– Мамо, будь ласка, не ходи близько синагоги! – знову повторив Ананій, вже біля дверей. – Це небезпечно.

Мама м'яко стиснула його руку.
– Ми ж не можемо ховатися щоразу, коли хтось хоче нас заарештувати за правду про Ісуса. Нам нема чого соромитися, – вона нахилилася, щоб поцілувати сина в щоку, – зі мною все буде гаразд.

У Ананія тьохнуло серце, коли його мама перейшла дорогу, де на неї чекали друзі, і вони всі разом пішли у бік ринкової площі. Останнім часом у Дамаску було дуже небезпечно, Ананія це дуже непокоїло. До міста прибув Савл, який безжально заарештовував усіх учнів Ісуса. Саме для цього він і приїхав до Дамаску. Ананію було страшно.

Зітхнувши, він зайшов у будинок і зачинив за собою двері. *Нікуди сьогодні не піду!* – вирішив він. – *Найбезпечнішим буде... сховатися. Ех, якби тільки мені вдалося переконати у цьому маму та її друзів!*

Ананій поставив на стіл кілька кошиків і зайнявся звичною справою. Але справа не йшла до ладу, бо голова була забита зовсім іншим. Він ніяк не міг позбутися думки про арешт.
– Боже, – благав він, – бережи мою родину. Нехай ніхто не завдасть жодної шкоди тим, хто вірить у Тебе. Сховай нас від наших ворогів!

Раптом у голові пролунав тихий, але чіткий голос: «Ананію!»

Ананій завмер. У будинку, крім нього, нікого не було. А може йому почулося? Але річ у тому, що він знав цей голос – це був голос Бога. Бог хотів йому щось сказати! У Ананії мало серце не вистрибнуло з грудей.

– Ананію! – знову пролунав той самий голос.

– Так, Господи, – прошепотів він у відповідь. Ананій залишив роботу та прислухався.

– Вставай та йди на вулицю, що зветься Простою. Знайди дім Юди і спитай про людину на ім'я Савл, із Тарса. Він зараз там молиться. Йому було видіння в якому до нього прийшов чоловік на ім'я Ананій і поклав на нього руки, щоб до нього повернувся зір.

Ананій немов струмом ударило. *Савл із Тарса?* – з жахом промовив він. – *Це ж він прийшов нас заарештовувати! Ісус хоче, щоб я разом із ним молився?* Ананій спробував опанувати себе. Він облизнув пересохлі губи і обережно зазначив.

– Господи, багато людей розповідали мені про цю людину. Скільки зла він завдав Твоїм учням у Єрусалимі! А тепер він прийшов до Дамаску. Первосвященики дозволии йому заарештувати всіх, хто вірить у Тебе.

– Іди! – твердо сказав Ісус. – Я вибрав Савла для важливої справи. Я хочу, щоб він розповідав про мене іншим народам, їхнім правителям та народу Ізраїлю. Я покажу йому скільки йому доведеться постраждати за Мене.

Ананій ще якийсь час мовчки чекав, чи не буде інших вказівок. У голові лунали запитання: *Боже, а він мені нічого не зробить, якщо я піду? А що я скажу Савлу?* Але у відповідь він нічого більше не чув.

Ананій кинув погляд на зачинені двері.
– Так, – сказав він уголос, намагаючись розібратися в тому, що відбувається. – Або я залишаюся вдома в безпеці, або йду молитися за Савла на свій страх та ризик.

Ананій кілька разів глибоко вдихнув. Серце забилося швидше, коли він ухвалив остаточне рішення: *Господи, я боюся, але я зроблю все, що Ти сказав. Я дуже хочу бути частиною Твого задуму.*

Він ще раз глибоко зітхнув, розвернувся, схопив накидку та вибіг із хати. Ананій молився всю дорогу до самого дому Юди. Незабаром він вийшов на вулицю Просту. Все було так, як сказав Ісус. Опанувавши страх, Ананій постукав...

– Хто там? – спитали за дверима.

– Це Ананій. Мені сказали прийти сюди.

Замок гучно забряскотів і двері відчинилися. – Вітаю! Я – Юда! – привітно посміхнувся хазяїн дому. – Ласкаво просимо! Ми на вас вже чекаємо. Проходьте!

Ананій пройшов за Юдою в основну кімнату, де на ліжку біля стіни лежала маленька людина.

Юда нахилився і тихо торкнувся його руки.
– Савле, Савле, до тебе прийшов Ананій, як і сказав Господь! Юда обережно допоміг йому сісти.

– Де, де Ананій? – спитав Савл. – Він дивився прямо перед собою, наче чогось чекав.

– Я тут, Савле! – Ананій підійшов ближче і побачив, що очі Савла були каламутно-сірими. Перед ним явно сидів сліпий чоловік. Секунду Ананій просто стояв і дивився на нього. *Невже це той самий Савл, який збирався всіх нас заарештувати та кинути до в'язниці?* – думав Ананій. – *Ця безпорадна і розгублена людина і є той страшний переслідувач?*

Ананій дивився на Савла і розумів, що йому нема чого боятися. Замість страху в серці з'явилася Божа любов. І тут до Ананія дійшло: *Савл, як і всі люди, просто потребував Ісуса.*

Він поклав йому руки на плечі.
– Савле, брате мій, Господь Ісус послав мене. – Савл кивнув, і Ананій продовжив, – Він той, кого Ти бачив по дорозі сюди. Він послав мене, щоб ти знову міг бачити і сповнився Святим Духом. По щоках Ананія потекли сльози. – Брате мій Савле, хай твої очі знову почнуть бачити!

В ту ж саму мить Святий Дух торкнувся Савла, він почав глибоко і спокійно дихати, а з очей спала пелена. Минуло ще трохи часу і Савл радісно вигукнув:
– Я бачу! Я прозрів! Його радості не було меж! Він кілька разів моргнув, щоб очі звикли до світла, а потім усміхнувся і здивовано сказав: – Ісус справді Той, за кого Себе видає!

– Так! Він – Бог! – сказав Юда. Він сміявся від щастя.

Ананій посміхався, дивлячись на безмежно радісних Юду та Савла. Вони раділи тому, що зробив Бог! *Я майже піддався своєму страхові.* – зітхнув він. – *Якби я залишився вдома, я б нічого цього не побачив. Як добре, що я виконав Боже завдання.*

Запитання для обговорення

Відповімо на запитання разом. Я теж на них відповідатиму.

- Що в цій історії вам сподобалося найбільше? Що зацікавило чи здалося несподіваним? Чому?
- Що ми дізналися про Бога з цього оповідання?
- Ананію було страшно. Йому хотілося залишитися вдома у безпеці, але Бог дав йому завдання. Це не додало йому сміливості. Навпаки, він ще більше злякався! Бог колись просив вас зробити те, чого ви дуже боялися? *(Наведіть приклад зі свого життя або розкажіть історію з* **parentingforfaith.org/comfort-stories***).*
- Чому Бог дав Ананію це завдання, якщо Він знав, що Ананій боїться і хоче сховатися?
- Страх пройшов, коли Ананій побачив Савла і зрозумів, що Бог його теж любить і що Савл також потребує Бога. Любов Бога виявилася сильнішою за страх Ананія. Як нам зосередитись на Божій любові, коли нам страшно?

Спілкування з Богом

Поспілкуємося про це з Богом?

- Розкажіть Богові в думках або пошепки в долоньки про те, що ви відчуваєте, коли вам потрібно комусь допомогти. Визначте свої почуття за шкалою від 1 до 10, де 1 – «Я хочу сховатися, щоб мене ніхто не знайшов» і 10 – «Я завжди хочу допомогти».

- Розкажіть Богові, чому вам страшно сказати «так», коли Він дає вам якесь завдання.
- Якщо ви погодитеся виконати Боже завдання, розкажіть Богові, яка вам може знадобитися допомога.
- *Можна закінчити спілкування молитвою*: Боже, всі ми різні, хтось боїться більше, хтось менше. Наповни нас Своєю любов'ю, щоб ми знали, як сильно Ти нас любиш. Наповни нас, будь ласка, любов'ю до інших, щоб ми дивилися на них так, як Ти. Можливо, хтось хоче сказати: «Ось я, Господи, пошли мене». *(Якщо ви дійсно хочете сказати про це Богу, можете зробити це в думках або пошепки в долоні)*. Дякую, що Ти нас любиш і хочеш, щоб ми були сильними та сміливими служителями Твого царства навіть у найскладніших обставинах.

14

Коротка дорога додому

Єв. від Луки 15:11-31

ВАЖЛИВА ІСТИНА

Бог забирає у нас почуття провини і дає впевненість у Своїй любові до нас.

Коли ми розгублюємося і не знаємо що нам робити, ми, іноді, припускаємося помилок, або вибираємо не те, що правильно. Через це у нас виникають почуття провини та сорому. Вони тиснуть на нас і нам здається, що ми віддаляємося від Бога. Найгірше, коли ми починаємо думати, що через наші погані думки чи помилки Бог нас більше не любить. Але всі наші переживання марні. Не має значення, які помилки ми зробили – Бог завжди готовий нас прийняти!

Розповідь

У Бена нили коліна... І не лише коліна. Ось уже кілька годин він збирав маленькі коричневі стручки під ріжковим деревом, і від цієї роботи нило й ломило все тіло. Він випростався, намагаючись потягнути спину.

– Агов, Бене! – почувся шепіт Джавада, який збирав стручки під сусіднім деревом.

– Що? – обізвався Бен.

Джавад озирнувся.
– Я спробую трохи цих стручків. Я вмираю з голоду.

Бен кинув швидкий погляд на доглядача. Той повільно ходив

сюди-туди, спостерігаючи за кожним рухом працівників.
– Не роби цього, Джавад, – прошепотів Бен. – Ти знаєш, що ми матимемо неприємності. Ці стручки для свиней господаря, а не для нас. Хіба ти забув, як минулого тижня вони звільнили хлопця за те, що той з'їв всього лиш один стручок. Пам'ятаєш? Його побили та вигнали.

– Гаразд, – розчаровано пробурчав Джавад. – Тоді мені треба відволіктися. Поговори зі мною. Розкажи, як ти тут опинився?

Бен закотив очі.
– Не знаю... – неохоче відповів він.

Джавад кинув у нього стручок.
– Давай, розкажи! Судячи з твоєї мови, ти був куркулем. Як вийшло, що тепер ти збираєш їжу для свиней? Я впевнений, що твоя історія змусить мене на якийсь час забути про мій голодний шлунок.

Бен зітхнув. Найбільше йому не хотілося говорити саме про це. Сама думка про те, чому він тут, змушувала його червоніти. Простіше було вдавати, що цього ніколи не було.

Бен зібрав кілька стручків, поклав їх у кошик і, похитуючись, попрямував до нової купи. Я не був куркулем, але у мого батька правда було чимало грошей. У нього були слуги, які працювали в домі, на фермі та на полях. Працівники, як ми із тобою.

Повз них пройшов доглядач. Бен і Джавад прискорили роботу, вдаючи, що вони старанно збирають стручки.

Бен ненавидів цього доглядача. Він був жорстокий, несправедливий і ніколи не давав їм достатньо їжі, тому вони завжди були голодними.

Бен не хотів, щоб Джавад подумав, що його батько був таким же жорстоким.
– Мій батько завжди дуже добре ставився до працівників на полях. Він справедливо їм платив і дбав про те, щоб вони завжди мали достатньо їжі. По суті, вони були частиною нашої родини. Мій батько – дуже добра людина.

– Чому ж ти вмираєш із голоду в чужій країні? – здивовано спитав Джавад.

Бен мовчав. Нарешті він промовив:
– Я тут, бо погано вчинив. – Бен вгамував схлипування, яке майже вирвалося з його вуст. Він не хотів плакати. Якщо він заплаче, то вже не зможе заспокоїтися. – Я хотів покинути дім та жити своїм життям. Я попросив батька віддати мені гроші, які він збирався залишити мені у спадок, і пішов. Голос Бена затремтів і він глибоко зітхнув. Спогади про ту розмову з батьком краяли йому серце.

– Я тоді наговорив стільки образливих слів. Ніколи не забуду, яким пригніченим був мій батько. Тоді мені було байдуже. Все, що я хотів – забрати свої гроші.

Бену було дуже соромно, що він завдав своєму батькові стільки болю. Він би все віддав, щоб змінити минуле, але було пізно.

Під поглядом доглядача вони висипали вміст кошиків у віз і пішли до наступного дерева. Джавад поплескав Бена по плечу.
– Мені дуже шкода, друже! Я й гадки не мав!

Бен кивнув і опустився на зболені коліна.
– Далі все було просто. Я забрав свої гроші, приїхав сюди і витратив їх на аби-яку нісенітницю: модний одяг, будинки, вечірки з друзями... А потім гроші скінчилися. – Бен кинув у кошик чергову жменю стручків. По його шиї текли струмки поту.
– Я залишився без їжі, житла, друзів та сім'ї. Я благав, щоб мене взяли працювати сюди. – Бен махнув рукою на гай навколо.

– Найгірше місце роботи у світі!

Джавад хмикнув і глянув на доглядача. – Тут справді жахливо. Але, чесно кажучи, я не знав, що існують такі ферми, як у твого батька. Багато їжі та справедлива зарплата, кажеш? – Фантастично!

Бен слабо посміхнувся і нахилився вперед, щоб захопити як-мога більше стручків. Він пам'ятав, які у батька були щасливі працівники. Це був рай у порівнянні з тим, де він зараз працював.

У голові Бена почала назрівати думка: *я більше ніколи не буду прийнятий удома як син. Я завдав багато болю своєму батькові і витратив усі свої гроші. Я більше не зможу називатися сином свого батька. Занадто багато я зробив поганого. Але мій батько – добрий роботодавець. Можливо, лише можливо, якщо я вибачусь перед ним, то він візьме мене на роботу на свої поля? Тоді я хоча б більше не голодуватиму. І, можливо, час від часу, здалеку, зможу бачити на обличчі батька посмішку. Вирішено!*

Бен підвівся і обтрусив коліна.
– Джавад, я повертаюся. Я благатиму свого батька взяти мене до себе на роботу. Я ніколи більше не зможу знову називатися його сином, але маю шанс стати його працівником. – посміхнувся Джаваду Бен. – Я потім надішлю тобі, як знайти будинок мого батька.
– Я йду! – кинув він догладачеві, і пішов.

Дорога додому зайняла багато часу. Минули місяці перш ніж Бен почав впізнавати знайомі з дитинства місця. Навіть у повітрі пахло батьківщиною – приємним теплим ароматом лаванди та акації. Дивлячись на яскраву зелень полів, він усміхався. І з кожним кроком ставав усе більш схожим на себе колишнього.

Але чим ближче Бен підходив до бітьківської хати, тим важче було на серці від почуття провини та сорому. У голову почали закрадатися сумніви. *А як батько навіть бачити мене не захоче? Раптом він й досі так ненавидить мене, що вижене, навіть слухати не стане і, тим більше, не дасть мені роботи! Що як він ніколи мені не пробачить? Адже я сильно згрішив перед ним!* Він штурхнув на курній дорозі камінь. *Якщо станеться найгірше, то так мені і треба. Я на це заслужив!*

Бен зупинився на дорозі. Вдалині виднівся дим, що здіймався з димаря його батьківского дому. Серце прискорено забилося в хвилюванні. Він ще раз промовив слова, які збирався сказати батькові: *Батьку, я згрішив проти Бога і завдав тобі болю. Пробач мені! Я недостойний зватися твоїм сином… Але, може, ти погодишся взяти мене на роботу в полі?*

Ні, цього недостатньо! Мені бракує слів, щоб висловити, як сильно я шкодую про свою провину!

Раптом Бен помітив якийсь рух біля входу до будинку. Він підійшов трохи ближче і примружився, щоб побачити, що це було. Хтось біг... йому назустріч.

– Бене! – порушив тишу крик батька. – Бене!

Бен шукав на обличчі батька гнів, але побачив лише широку привітну усмішку.

Через кілька секунд батько вже схопив Бена у свої міцні обійми. – Ти повернувся! Ти вдома! – Батько почав цілувати сина.

Всі почуття та емоції, які накопичувалися у серці Бена протягом останніх кількох місяців, вирвалися назовні, і він заридав. Схлипування заважало йому промовити ті самі слова: *пробач мені, тату! Пробач мені!* Адже батько все ще міцно притискав сина до себе.

Здавалося, що минула ціла вічність! Нарешті батько послабив обійми, щоб стерти сльози з обличчя Бена і подивився йому в очі.

Батько випромінював любов, по його щоках теж текли сльози. Бен більше не міг стримуватись.
– Пробач мені, тату! Я згрішив проти Бога і завдав тобі стільки болю! Я знаю, що не вартий бути твоїм сином! – Із очей знову потекли сльози. – Чи ти дозволиш мені працювати на полях разом з іншими працівниками?

Батько знову обійняв сина і Бен впнувся йому в плече. До нього долинув приглушений голос батька.
– Я люблю тебе, синку! Я такий радий, що ти вдома.

Потім батько глибоко зітхнув і відступив, тримаючи Бена за руки.
– Ось що ми зробимо! – сказав він. – Ми влаштуємо свято на честь твого повернення додому!

Батько повернувся у бік будинку і прокричав слугам, щоб вони приготували одяг та частування для великого бенкету! Вони повільно пішли до будинку, Бен більше не плакав. Натомість він відчув мир, про який навіть мріяти не міг. Батько пробачив йому і прийняв назад! Бен з тремтінням зітхнув і посміхнувся.

Почуття провини зникло. Його знищила батьківська любов.

Запитання для обговорення

Відповімо на запитання разом. Я теж на них відповідатиму.

- Що в цій історії вам сподобалося найбільше? Що зацікавило чи здалося несподіваним? Чому?
- Що ми дізналися про Бога з цього оповідання?
- Нам стає соромно, коли ми розуміємо, що зробили неправильний вибір або помилку. Ми відчуваємо почуття провини, нам стає сумно та боляче за скоєне. В результаті ми віддаляємося від Бога, та іноді й від тих людей, яких ми образили. Ви колись відчували провину чи сором? Що ви

на той момент думали про себе? Ви були готові говорити з людьми, яким ви зробили боляче? Вам хотілося думати про Бога?

- Бог не хоче, щоб ми тікали від Нього після того, як помилилися або зробили неправильний вибір (*іншими словами – згрішили*). Він хоче, щоб ми прийшли до Нього, як син у цій історії. Що ви відчуваєте, коли звертаєтеся до Бога і відчуваєте Його любов і прощення? *(Наведіть приклад зі свого життя або розкажіть історію з* **parentingforfaith.org/comfort-stories***).*

Спілкування з Богом

Поспілкуємося про це з Богом?

- Коли нам соромно і ми знаємо, що вчинили неправильно, ми завжди можемо прийти і розповісти про це Богові. Можна спробувати це зробити просто зараз.
- Згадайте, можливо, ви десь вчинили не зовсім добре і ще не говорили про це Богові.
- Розкажіть Йому в думках чи пошепки в долоні. Розкажіть все, як було та що ви відчували в той момент. *(Дайте дітям час поговорити з Богом).*
- Попросіть у Бога прощення так, як ви вважаєте за потрібне. Можна сказати: «Я хочу змінитись» або «Вибач мені за це» або ще простіше – «Ти мені пробачиш?» Тут немає правильних чи неправильних слів. Просто скажіть Богові те, що ви хочете сказати.
- Давайте посидимо в тиші і наблизимося до Бога, щоб відчути Його любов. Можна про щось поговорити з Богом, а можна просто помовчати.
- *Можна закінчити спілкування молитвою*: дякую, Боже, що Ти вибачаєш нам наші гріхи. Це можливо завдяки тому, що Ісус зробив для нас на хресті. Дякую, що любиш і прощаєш нас, щоб ми могли жити поруч із Тобою. Ми любимо Тебе.

15

До зустрічі

Дії 6-7 та 20-21

ВАЖЛИВА ІСТИНА

Завдяки Ісусові смерть – це не кінець.

Коли Ісус помер на хресті, а потім воскрес – ми отримали можливість жити з Богом вічно. Смерть – це не кінець. Після смерті ми воскреснемо і житимемо вічно з Богом та іншими віруючими людьми. Звичайно, нам дуже гірко і боляче коли вмирають ті, кого ми любимо, але ми можемо бути впевнені, що для тих, хто любить Бога, смерть – це не прощання назавжди. Настане час і ми знову зустрінемося.

Розповідь

Пилип дивився на жваву гавань і посміхався. Йому скуйовдив волосся сильний морський вітер. По зелено-блакитній поверхні води впритул одне до одного йшли кораблі. Йому подобалося спостерігати, як величезні торгові судна, що привозили прянощі та тканини з усього світу, перетиналися з маленькими місцевими рибальськими човнами. Хоча великі кораблі були чудовими, його серце належало рибальським човнам.

З торгових прилавків було чутно запах смачної їжі, в животі завуркотіло. Він послав своїх друзів Павла та Луку купити щось поїсти, і десь вони затримувалися. В ту саму мить він їх побачив. У них були задоволені обличчя, а в руках їжа – гаряча, ще паруюча риба, загорнута в свіжі коржики!

– Мені тут дуже подобається! – сказав Лука, простягаючи Пилипу рибину.

Пилип засміявся.
– Я радий, що ви вирішили тут затриматися на деякий час. Люди повинні чути про Ісуса, ми зробимо все можливе, щоб допомогти вам розповідати про Нього.

Павло відкусив величезний шматок і аж прицмокнув від задоволення. Пилип усміхнувся і звернувся до Луки.
– Я сто років знаю Павла. І майже ніколи мені не вдається знайти їжу, яку він їв би з такою насолодою.

Павло сміявся і жував.
– Ти стільки разів нахвалював цю знамениту кесарівську їжу, що навіть я змушений зізнатися: ти мав рацію. Усі троє вибухнули сміхом.

– Куди ви збираєтесь податися далі? – спитав Пилип.

– Назад до Єрусалиму, – відповів Павло і відкусив ще один шматок.

Пилип замислився.
– До Єрусалиму? Хіба в Єрусалимі більше не переслідують учнів Ісуса? Останнім часом у них було дуже багато неприємностей.

Павло знизив плечима і кивнув головою.
– Скрізь важко.

Пилип усміхнувся. Якщо хтось і знав, як справлятися з труднощами, то це Павло.

– Павло! Павло! Дивись хто там! – Лука показував на старого, який рішуче прямував до них через усю гавань. Його довге сиве волосся розвівалося наче стяг за вітром. Він ішов трохи згорбившись, упираючись колінами в краї халата.

– Агаве! – усміхнувся Павло старому. – Як справи? Що ти тут робиш?

Агав похмуро сказав:
– Я прийшов із посланням від Святого Духа.

Павло передав їжу Луці та витер руки.
– Я слухаю.

Агав потягнувся до Павла і почав розв'язувати тонку мотузку, якою був підперезаний Павло.

Незграбними рухами старий намагався розв'язати вузол. Його огрубілі руки ніяк не могли впоратися з ним, але нарешті пояс був розв'язаний.

Агав сів на кам'яну доріжку і почав обмотувати собі тонкою мотузкою руки й щиколотки, доки не зв'язав себе так, що не міг поворухнутися.

Потім він тихо промовив.
– Дух Святий каже мені: «Так юдеї в Єрусалимі зв'яжуть того, кому належить цей пояс. А потім передадуть його людям, які не знають Бога».

У Пилипа від страху завмерло серце. Павло не просто вирушав до Єрусалиму проповідувати про Ісуса. Його там заарештують, зв'яжуть та віддадуть римлянам.

Пилип опустився навколішки, щоб допомогти Агаву розв'язати мотузку і тихо сказав Павлові:
– Не їдь зараз до Єрусалиму. Чуєш, що сказав Святий Дух через Агава? Це небезпечно, тебе заарештують. Я боюся, що станеться найгірше. Те саме, що зі Степаном – вони його вбили!

Павло сів на дорозі.
– Я знаю, що це небезпечно. Але Дух Святий вже давно каже мені, що в майбутньому на мене чекають в'язниця і труднощі. Я не знаю, що буде в Єрусалимі. Але я точно знаю, що мені треба туди піти.

Я готовий сісти до в'язниці в Єрусалимі. Я навіть готовий померти заради імені Господа Ісуса!

У серці Пилипа почав наростати неспокій. Він знав, що йому не вдасться відмовити Павла їхати до Єрусалиму. Павло неодноразово відчував, що його посилає Бог. Він нічого не міг вдіяти, щоб захистити свого друга. Ану ж бо він більше ніколи його не побачить?

Лука вирішив підбадьорити Павла.
– Бог стільки разів рятував від лиха тебе та наших друзів. Може Він створить ще одне диво і не залишить тебе у в'язниці.

– Я тільки хочу залишатися вірним Богові, – повернувся до Луки Павло, – і робити те, що Він мені каже. А якщо настане час мені померти, то хочу померти як Степан.

Пилип ледь не знепритомнів.
– Ти хочеш, щоб тебе до смерті закидали камінням на очах розлюченого натовпу? – його очі зайшли пекучими сльозами. Він не хотів, щоб це сталося з Павлом. Не хотів, щоб Павло страждав і відчував біль. Пилип не хотів, щоб Павло помер!

– Ні, – сказав Павло. Він з ніжністю глянув на Пилипа. – Я був там, коли вбили твого друга. Ти пам'ятаєш вираз його обличчя за лічені хвилини до смерті?

Пилип замислився, намагаючись відтворити у пам'яті ті трагічні події. Обличчя Степана... Так, звичайно, він пам'ятав. Перед смертю обличчя Степана випромінювало радість і спокій.

– Ти пам'ятаєш, що він прокричав? – тихо продовжив Павло. «Дивіться! Я бачу відчинене небо! І Сина Людського, що стоїть праворуч від Бога. Господи Ісусе, прийми мій дух!» – Степан не бачив натовп розгніваних людей перед смертю. Він бачив Ісуса!

Його переповнювала любов та впевненість. Він точно знав, де буде після смерті і Хто на нього там чекає.

Пилипа охопило неймовірне почуття миру. Все так і було.

– Я не боюся смерті, – посміхнувся Павло. – Коли я помру, мене зустріне Ісус. Він стоятиме праворуч від Бога, а поруч із Ним – Степан, Яків та багато наших друзів та рідних. Цю надію в нас не відняти. Що б зі мною не трапилося в Єрусалимі – в'язниця чи смерть – я належу Ісусові, куди Він мені скаже, – туди я і піду.

Пилип обійняв Павла.
– Згодний. Що б не трапилося в Єрусалимі, ми будемо молитися за тебе, будемо просити Бога, щоб Він завжди був поряд з тобою, а в тебе завжди була надія та впевненість у тому, до чого тебе кличе Ісус.

Пилип відпустив Павла з обіймів і, посміхаючись крізь сльози, зробив крок назад.
– У будь-якому разі, – сказав Пилип, – це не прощання! Хоч би що трапилося, ми знову побачимося. На землі чи на небі.

Павло рішуче кивнув головою.
– Можеш на це розраховувати!

Запитання для обговорення

Відповімо на запитання разом. Я теж на них відповідатиму.

- Що в цій історії вам сподобалося найбільше? Що зацікавило чи здалося несподіваним? Чому?
- Що ми дізналися про Бога з цього оповідання?
- Чому Павло не боявся смерті?
- Чи серед ваших знайомих є люди, які вже померли? Що ви відчуваєте, коли думаєте про них?

Спілкування з Богом

Поспілкуємося про це з Богом?

- Якось у Ісуса помер друг. Ісус прийшов до його сестер і плакав разом із ними. Він знав, що знову побачиться зі Своїм другом, але все одно плакав. Сумувати та плакати за своїми померлими друзями чи рідними – це абсолютно нормально, навіть якщо ми знаємо, що знову їх побачимо. Ісус помер на хресті і воскрес, щоб смерть не була прощанням назавжди, але щоб після смерті ми знову зустрілися і ніколи більше не розлучалися. Але це не означає, що ми не можемо або не повинні відчувати різні емоції. Розкажіть Богові в думках або пошепки в долоні про те, що вам найбільше подобалося в... (*назвіть ім'я людини, яка вже померла*). Розкажіть про них Богові. Запитайте Бога, що Йому найбільше подобалося у цих людях. Це можна написати чи намалювати. *(Дайте дітям стільки часу, скільки потрібно).*
- Розкажіть Богові, що ви відчуваєте, коли сумуєте за коханою людиною.
- Попросіть Бога втішити вас і наповнити Його любов'ю. *(Посидіть в тиші чекаючи, поки ви відчуєте* присутність Божу).
- *Можна закінчити спілкування молитвою*: Господи, ми так сумуємо за... *(назвіть ім'я померлої людини)*, що інколи наше серце розривається від горя. Дякуємо Тобі, Ісусе, за те, що Ти прийшов, помер на хресті і воскрес, щоб одного разу ми знову зустрілися один з одним і з Тобою. Ми з нетерпінням чекаємо того дня, коли знову сміятимемося і радітимемо разом. А поки, будь ласка, обійми нас міцно-міцно. Нагадай нам усі найпрекрасніші моменти і наповни нас Своєю любов'ю та втіхою, які так нам зараз потрібні.

Про «Виховання в вірі»

parenting for faith®

Сім'ям властиво залишати «питання віри» для церкви, але коли самі батьки допомагають дітям та підліткам щодня жити вірою, це дає набагато більший ефект.

Служіння «Виховання в вірі» (Parenting for Faith) – це служіння BRF, організоване Рейчел Тернер (Rachel Turner), досвідченим дитячим, молодіжним та сімейним пастором. Наша мета – допомогти батькам, бабусям, дідусям або вихователям набути впевненості та навичок для розвитку стосунків вашої дитини з Богом, щоб вони стали реальними, особистими, міцними та вкорінилися у повсякденному житті сім'ї.

Інакше кажучи, допомогти стати добрим прикладом для наслідування через практичну демонстрацію життя по вірі. Ви навчитеся дізнаватися де в повсякденній метушні вашої сім'ї присутній Бог і ділитися цим з іншими. Звичайно, що ми не дамо вам готової формули, але допоможемо знайти способи прийнятні для вашої сім'ї та церкви, щоб ви і ваші діти могли говорити з Богом і чути Його... відповідати і радіти Йому!

Наша мета – підтримати, допомогти та навчити не лише батьків, бабусь, дідусів та вихователів, а й церковних лідерів, які їм допомагають. Пропонуємо до вашої уваги відгуки про програму «Виховання в вірі»:

«Рейчел захоплює своїм ентузіазмом. Вона спонукає нас глибоко замислитись і дає практичні поради, а це дуже підбадьорює. Завдяки їй ми багато чого дізналися про те, як підтримувати віру наших дітей і виховувати їх у спілкуванні з Богом».

«Мені подобається, що заняття дуже практичні та корисні».

Детальніше на сайті **parentingforfaith.org**

Будьте на зв'язку

Бажаєте, щоб ваші діти все життя жили у спілкуванні з Богом? Ви цілком можете цьому сприяти! Ми віримо, що Бог бажає саме цього. Ми будемо раді, якщо ви станете частиною нашої згуртованої спільноти батьків, родичів, опікунів та церковних служителів, в якій цілодобово і без вихідних можна знайти саме ту допомогу та підтримку, яку ви шукаєте.

Ми в соціальних мережах:

facebook.com/parentingforfaithBRF

twitter.com/godconnected

instagram.com/parentingforfaithbrf

YouTube youtube.com/brfcharity

Подкаст Parenting for Faith («Виховання в вірі»)

Не пропустіть наш регулярний подкаст, в якому ми обговорюємо актуальні теми, питання від таких батьків, як ви, а також беремо інтерв'ю у спеціально запрошених гостей. Його можна знайти на каналі подкастів або на сайті **parentingforfaith.org/podcast**.

Міркування та побажання в режимі онлайн

Чи ви хочете дізнатися, як допомогти своїм дітям упоратися з труднощами в школі або як ставитися до Хелловіна? Можливо ваші діти думають, що Бог їх не може любити, бо вони проходять якісь труднощі, або ви хочете навчити їх бути більш вдячними? Можливо ви хочете допомогти дитині з особливими потребами спілкуватися з Богом, але не знаєте, як це зробити?

Що б вас не турбувало, будьте впевнені, хтось уже через це проходив. У нас ви знайдете матеріали більш ніж на 300 тем, створені нашими співробітниками та такими ж батьками, як ви, які поділилися своїм досвідом.

Потрібну інформацію завжди можна знайти в бібліотеці на сайті **parentingforfaith.org/topics**.

Курс «Виховання в вірі»

parenting for faith®

Цей курс змінив моє життя та змусив мене переглянути свої методи виховання дітей. Як пастор, я з подивом спостерігав за змінами у житті слухачів курсу. Ми з нетерпінням чекаємо, коли він знову розпочнеться!

Слухач курсу

Якщо ви хочете змінити щось у тому, як ви виховуєте в вірі своїх дітей, проведіть відеокурс у своїй церкві, чи для друзів, чи пройдіть його своєю родиною. Люди часто свідчать, що після проходження курсу в їхньому житті багато чого змінилося на краще, причому не тільки в сім'ї, а й в церкві.

Курс «Виховання в вірі» доступний для завантаження чи перегляду в прямому ефірі на будь-якому пристрої. До нього додаються безкоштовні посібники та рекламні матеріали для груп. Тим, хто віддає перевагу DVD-дискам і друкованим посібникам – їх можна придбати в BRF.

Детальніше на сайті **parentingforfaith.org**

Дати можливість зростати у вірі людям різного віку

Anna Chaplaincy
Living Faith
Messy Church
Parenting for Faith

Щоб дізнатися більше про нашу роботу, відвідайте

brf.org.uk